Emil Schürer, Eduard Wilhelm Eugen Reuss

Die Gemeindeverfassung der Juden in Rom in der Kaiserzeit

Nach den Inschriften dargestellt

Emil Schürer, Eduard Wilhelm Eugen Reuss

Die Gemeindeverfassung der Juden in Rom in der Kaiserzeit
Nach den Inschriften dargestellt

ISBN/EAN: 9783743354814

Hergestellt in Europa, USA, Kanada, Australien, Japan

Cover: Foto ©ninafisch / pixelio.de

Manufactured and distributed by brebook publishing software (www.brebook.com)

Emil Schürer, Eduard Wilhelm Eugen Reuss

Die Gemeindeverfassung der Juden in Rom in der Kaiserzeit

DIE
GEMEINDEVERFASSUNG
DER JUDEN IN ROM
IN DER KAISERZEIT

NACH DEN INSCHRIFTEN DARGESTELLT

VON

EMIL SCHÜRER
DR. U. ORDENTL. PROFESSOR DER THEOLOGIE ZU GIESSEN

NEBST 45 JÜDISCHEN INSCHRIFTEN

LEIPZIG
J. C. HINRICHS'SCHE BUCHHANDLUNG
1879

I.

Das erste Auftreten der Juden in Rom reicht bis in die Makkabäerzeit zurück. Schon Judas der Makkabäer († 160 v. Chr.) sandte eine Gesandtschaft an den römischen Senat, um ein Bündniss mit den Römern abzuschliessen, oder richtiger gesagt, um die Zusicherung ihrer Freundschaft und Unterstützung zu erbitten (I Makk. 8, 17—32). Sein Bruder und Nachfolger Jonathan († 143 v. Chr.) folgte seinem Beispiel (I Makk. 12, 1—4. 16). Von grösserer Bedeutung war die Gesandtschaft, welche der dritte der makkabäischen Brüder Simon im J. 140/139 nach Rom sandte. Sie erreichte den Abschluss eines wirklichen Schutz- und Trutzbündnisses mit den Römern[1] (I Makk. 14, 24. 15, 15—24). Während ihres längeren Verweilens in Rom scheinen die Gesandten oder deren Begleitung auch Versuche religiöser Propaganda gemacht zu haben. Denn darauf deutet die allerdings etwas confuse Notiz bei *Valerius Maximus* I, 3, 2: *Idem* (nämlich der Prätor Hispallus im J. 139 v. Chr.) *Judaeos, qui Sabazii Jovis cultu simulato mores Romanos inficere conati sunt, domos suas repetere coëgit.*[2] Alles dies war freilich nur ein vorübergehendes Auftreten der Juden in Rom. Die dauernde Ansiedelung einer grösseren Anzahl von Juden daselbst datirt erst aus den Tagen des Pompejus. Als dieser im J. 63 Jerusalem erobert hatte, brachte er auch zahlreiche jüdische Kriegsgefangene mit nach Rom. Sie wurden dort als Sklaven

---

[1] Vgl. über diese Gesandtschaften bes. Mendelssohn in Ritschl's *Acta Soc. phil. Lips.* Bd. V, 1875, S. 87 ff. Hiezu Theol. Litztg. 1876, 391.

[2] Die Ansicht, dass hier nicht von den Juden die Rede sei (der ich selbst früher gefolgt bin, Neutestamentl. Zeitgesch. S. 624) ist unhaltbar, da *Judaeos* im Text gesichert ist. Der Jupiter Sabazius ist allerdings eine phrygische Gottheit. Aber es liegt hier offenbar eine Verwechselung von *Sabazius* und *Sabaoth* (*Zebaoth*) vor.

verkauft; viele von ihnen aber bald wieder freigelassen, da sie ihren Herren wegen ihres strengen Festhaltens an den jüdischen Gebräuchen unbequem waren. Mit dem römischen Bürgerrechte beschenkt siedelten sie sich jenseits des Tiber an und organisirten sich hier zu einer selbständigen jüdischen Gemeinde (*Philo, Legat. ad Caj.* § 23, *ed. Mang.* II, 568 *sq.*). Von da an bildete die jüdische Colonie in Trastevere einen nicht unwichtigen Factor des römischen Lebens. Als Cicero i. J. 59 v. Chr. seine Vertheidigungsrede für Flaccus hielt, finden wir auch zahlreiche Juden unter den Zuhörern anwesend (*Cic. pro Flacco* 28). Beim Tode Cäsars, des grossen Judenprotectors, klagten eine Menge von Juden die Nächte hindurch an seinem Scheiterhaufen (*Sueton. Caes.* 84). Zur Zeit des Augustus zählten sie schon nach Tausenden (*Joseph. Antt.* XVII, 11, 1. *Bell. Jud.* II, 6, 1). Zur Zeit des Tiberius begannen bereits die Repressivmassregeln. Er liess im J. 19 n. Chr. 4000 waffenfähige Juden nach Sardinien deportiren, um dort unter die Waffen gestellt und zum Kampf gegen die Räuber verwendet zu werden (*Joseph. Antt.* XVIII, 3, 5. *Tacit. Annal.* II, 85. *Sueton. Tiber.* 36). Wie wenig aber die Massregel von bleibender Wirkung war, sieht man am besten daraus, dass schon etwa dreissig Jahre später Claudius, der seine Regierung mit einem Toleranz-Edict für die Juden begonnen hatte, abermals eine allgemeine Ausweisung der Juden aus Rom verfügte, diesmal, wie es scheint, wegen innerer Tumulte, die im Schoosse der römischen Judenschaft aus Anlass der Predigt von Christo entstanden waren (*Sueton. Claud.* 25. *Act. ap.* 18, 2). Auch dieses Edict des Claudius hatte nur ganz vorübergehende Folgen. Es vermochten eben solche Massregeln nicht mehr, die bereits festgewurzelte jüdische Gemeinde wieder auszurotten oder auch nur dauernd zu schwächen. Sie war, namentlich durch ihre zahlreichen Proselyten, schon zu sehr mit dem römischen Leben verflochten, als dass eine völlige Unterdrückung noch hätte gelingen können. Aus der Stadt ausgewiesen, wanderten sie in die Nachbarschaft, etwa nach Aricia aus [1]), um sich von dort dann bald wieder in die Stadt hereinzuziehen. Ihre Geschichte in Rom lässt sich in die Worte des Dio Cassius zusammenfassen: Oft unterdrückt sind sie doch aufs stärkste gewachsen, so dass sie selbst die freie Ausübung ihrer Gebräuche durchsetzten.[2]) Der vornehme Römer sah freilich mit Verachtung auf sie herab. Aber gerade die häufigen Spottreden der Satiriker sind ebensoviele Zeugnisse dafür, wie sehr sie in der

---

[1]) Dies deutet der Scholiast zu Juvenal IV, 117 an: *Judaeos, qui ad Ariciam transierant, ex Urbe missi.*

[2]) *Dio Cass.* XXXVII, 17: ἔστι καὶ παρὰ τοῖς Ῥωμαίοις τὸ γένος τοῦτο, κολουσθὲν μὲν πολλάκις αὐξηθὲν δὲ ἐπὶ πλεῖστον, ὥστε καὶ ἐς παρρησίαν τῆς νομίσεως ἐκνικῆσαι.

römischen Gesellschaft bemerkt wurden.¹) Und es fehlt schon von der Zeit des Augustus an auch nicht an directen Beziehungen von Juden zum kaiserlichen Hofe.²) Allmählich breiteten sie sich auch in der Stadt immer mehr aus. Das Quartier in Trastevere blieb nicht das einzige. Wir finden sie später auch auf dem Marsfelde und mitten in der römischen Geschäftswelt: in der Subura (s. unten sub II). Juvenal macht sich darüber lustig, dass der heilige Hain der Egeria vor Porta Capena an die Juden verpachtet sei und von jüdischen Bettlern wimmle (*Sat.* III, 12—16). Und dass sie in dieser Gegend sich angesiedelt hatten, wird auch durch die Entdeckung jüdischer Cömeterien an der Via Appia (in der Vigna Randanini und in der Vigna Cimarra, s. unten S. 13) bestätigt.

---

1) Ueber die sociale Stellung der Juden in Rom s. bes. Hausrath, Neutestamentl. Zeitgesch. 2. Aufl. III. 383—392. (2. Aufl. III, 71—81.)

2) Auf Beziehungen der Juden zu Augustus und Agrippa deuten die Namen Αὐγουστήσιοι und Ἀγριππήσιοι, welche zwei jüdische Gemeinden in Rom führten (s. unten sub II). — Die Kaiserin Livia hatte eine jüdische Sklavin Namens Akme (*Jos. Antt.* XVII, 5, 7 *Bell. Jud.* I, 32, 6. 33, 7). — Ein samaritanischer Freigelassener des Tiberius Namens Thallus lieh dem Herodes Agrippa eine grosse Summe (*Jos. Antt.* XVIII, 6, 4). — Auf einer Inschrift aus der Zeit des Claudius wird eine [*Cl*]*audia Aster* [*Hi*]*erosolymitana* [*ca*]*ptiva*, offenbar eine jüdische Sklavin des Claudius, erwähnt (Orelli-Henzen, Inscr. Lat. 5302). — Am Hofe Nero's finden wir einen jüdischen Schauspieler Alityrus (*Jos. Vita.* 3). — Poppäa wird selbst als θεοσεβής bezeichnet, und war stets bereit, jüdische Bittgesuche beim Kaiser zu vertreten (*Jos. Antt.* XX, 8, 11. *Vita* 3). — Unter Vespasian, Titus und Domitian lebte der jüdische Geschichtschreiber Josephus in Rom, von allen drei Kaisern durch Wohlthaten unterstützt und geehrt (*Jos. Vita* 76). — Durch Domitian's Vetter Flavius Clemens drang, zwar nicht das Judenthum, aber das aus dem Judenthum hervorgegangene Christenthum sogar in die kaiserliche Familie ein (so wird jetzt allgemein und mit Recht *Dio Cass.* LXVII. 14 u. *Sueton. Domit.* 15 verstanden). — Aus späterer Zeit ist etwa noch der jüdische Spielgefährte (*conlusor*) des Caracalla zu erwähnen (*Spartian. Caracalla* 1). — Ausserdem ist zu erinnern an die regen Beziehungen des Herodes und seiner Dynastie zu Augustus und dessen Nachfolgern. Die meisten Söhne des Herodes wurden in Rom erzogen. Agrippa I brachte den grössten Theil seines Lebens bis zu seiner Ernennung zum König in Rom zu und war mit Caligula nahe befreundet. Bekannt sind die nahen Beziehungen Agrippa's II und der Berenice zu Vespasian und Titus. — Endlich verdient aber auch bemerkt zu werden, dass unter den jüdischen Namen auf den Inschriften sich auffallend häufig Gentilnamen der Kaiser finden. Es kommen folgende, und zwar in ziemlich grosser Anzahl vor: Julius, Claudius, Flavius, Aelius, Aurelius. Valerius. Mögen diese Namen auch häufig nicht auf die alten Geschlechter, sondern auf spätere Kaiser als Quelle zurückgehen (Constantin d. Gr. z. B. hiess mit seinem vollen Namen C. Flavius Valerius Aurelius Claudius Const.), so beweisen sie doch immerhin ein nahes Verhältniss der Juden zu den Kaisern. — Vgl. sonst auch die Abhandlung von Harnack über die Christen am Kaiserhofe (*Princeton Review*, 1878, *July*, S. 239—280).

Zu einer solchen Blüthe konnte sich die jüdische Gemeinde natürlich nur unter dem Schutz des römischen Gesetzes entfalten. Und es ist von Interesse, die rechtliche Lage der Juden im römischen Reiche, insonderheit in der Stadt Rom, näher zu verfolgen. Der eigentliche Begründer der jüdischen Privilegien ist Cäsar. Wenn auch schon vor ihm einzelne Edicte zu Gunsten der Juden erlassen worden sind, so ist dies doch niemals, weder vor noch nach ihm, in solchem Umfange geschehen, wie zu seiner Zeit und unter seinem Einflusse. Die Mehrzahl der römischen Erlasse zu Gunsten der Juden, welche Josephus *Antt.* XIV, 10 mittheilt, rührt von Cäsar und von römischen Behörden seiner Zeit her. Abgesehen von der freien Religionsübung im Allgemeinen und abgesehen von sonstigen einzelnen Vergünstigungen, welche den Juden hier zugestanden werden, ist namentlich dies wichtig, dass ihnen ausdrücklich das Versammlungsrecht garantirt wird. Während Cäsar sonst alle Vereine, mit Ausnahme der altherkömmlichen, verbot[1]) — ein Verbot, das durch Augustus erneuert wurde[2]) — werden die jüdischen ausdrücklich hievon ausgenommen.[3]) Sie sind damit bestimmt als berechtigte Genossenschaften anerkannt. — Diese judenfreundliche Politik Cäsars wurde im Wesentlichen auch von Augustus fortgesetzt. Auch von ihm und aus seiner Zeit hat uns Josephus eine Reihe von Erlassen aufbewahrt, in welchen ganz ähnlich wie in den cäsarischen den Juden freie Religionsübung und mancherlei einzelne Privilegien bewilligt werden (*Antt.* XVI, 6). — Mit Cäsar und Augustus hat aber diese judenfreundliche Strömung der römischen Politik auch ihren Höhepunkt erreicht. Die spätere Zeit hat kaum etwas Neues hinzugethan. Doch sind umgekehrt auch die einmal ertheilten Privilegien nicht wesentlich angetastet worden. Wenn unter Tiberius und unter Claudius die Juden aus der Stadt Rom ausgewiesen wurden, so waren dies vorübergehende administrative Massregeln ohne bleibende rechtliche Wirkung. Gerade Claudius hat — nach der kurzen Verfolgungszeit unter Caligula — seine Regierung mit einem Toleranzedict für die Juden begonnen, in welchem ihnen die freie Religionsübung in aller Form aufs Neue zugesichert wurde (*Jos. Antt.* XIX, 5, 3). Die spätere Zeit weist zwar manche, z. Th. sogar starke Schwankungen auf. Namentlich haben die den Juden ungünstig gesinnten Kaiser öfters Verbote des Uebertritts zum Judenthum und der Beschneidung von Nichtjuden erlassen. So z. B. Anto-

---

1) *Sueton. Caes.* 42: *Cuncta collegia praeter antiquitus constituta distraxit.*
2) *Sueton. Aug.* 32: *Collegia praeter antiqua et legitima dissolvit.*
3) *Joseph. Antt.* XIV, 10, 8: Καὶ γὰρ Γάιος Καῖσαρ ὁ ἡμέτερος στρατηγὸς καὶ ὕπατος, ἐν τῷ διατάγματι κωλύων θιάσους συνάγεσθαι κατὰ πόλιν, μόνους τούτους οὐκ ἐκώλυσεν οὔτε χρήματα συνεισφέρειν οὔτε σύνδειπνα ποιεῖν.

ninus Pius[1]), Septimius Severus[2]) und mehrere christliche Kaiser.[3]) Aber die Hauptsache blieb darum doch bestehen, nämlich die, dass das Judenthum im römischen Reiche vom Staate geduldet und eben damit auch unter den Schutz des Staatsgesetzes gestellt war. Es genüge, dafür noch zwei allgemeine Zeugnisse anzuführen: eins aus dem Ende des zweiten Jahrhunderts und eins aus dem Ende des vierten. Tertullian nennt in seinem *Apologeticum c.* 21 das Judenthum eine *insignissima religio, certe licita*. Die Kaiser Theodosius, Arcadius und Honorius äussern sich in einem Erlass vom J. 393 folgendermassen (*Cod. Theod.* XVI, 8, 9): *Judaeorum sectam nulla lege prohibitam, satis constat. Unde graviter commovemur, interdictos quibusdam locis eorum fuisse conventus etc.* — Sehr charakteristisch für diese anerkannte Stellung des Judenthums im Staate ist es, dass in den Zeiten der Christenverfolgungen es sogar vorkam, dass Christen, um sich zu schützen, zum Judenthum übertraten (*Euseb. Hist. eccl.* VI, 12, 1).

Infolge der staatlichen Duldung war es nun den Juden im römischen Reiche ermöglicht, sich überall, wo sie in einiger Anzahl beisammen wohnten, als religiöse Gemeinden zu organisiren. Sie traten damit in die Kategorie der religiösen Genossenschaften für auswärtige Culte, deren es im römischen Reiche in der Kaiserzeit sehr mannigfaltige an sehr vielen Orten gab. Wie das Judenthum, so hatten nämlich auch andere Religionen und Culte ihre Diasporagemeinden in der Welt zerstreut. Denn überall, wo die Angehörigen einer Religion an einem fremden Orte, sei es um des Handels oder um anderer Ursachen willen, in grösserer Anzahl beisammen wohnten, organisirten sie sich zu einer besonderen Gemeinde zur Pflege ihres einheimischen Cultus. So finden wir in Delos schon zur Zeit der athenischen Herrschaft daselbst eine Gemeinde tyrischer Kaufleute (Corp. Inscr. Graec. 2271: ἡ σύνοδος τῶν Τυρίων ἐμπόρων καὶ ναυκλήρων). Aus einer Inschrift vom J. 174 nach Chr. wissen wir, dass damals in Puteoli eine Gemeinde von Tyriern lebte, die zur Erhaltung ihres vaterländischen Gottesdienstes eine Subvention von der Heimath erbitten (Corp. Inscr. Grace. 5853: οἱ ἐν Ποτιόλοις κατοικοῦντες, scil. Τύριοι).[4]) Gleichfalls in Puteoli gab es *cultores Jovis Heliopolitani Berytenses qui Puteolis consistunt* (Orelli, Inscr. Lat. 1246). Es sind also die jüdischen Diasporagemeinden nicht eine durchaus singuläre Erscheinung.

1) *Digest.* XLVIII, 8, 11 *pr.*: *Circumcidere Judaeis filios suos tantum rescripto divi Pii permittitur: in non ejusdem religionis qui hoc fecerit, castrantis poena irrogatur.*
2) *Spartian. Sept. Sev.* 17: *Judaeos fieri gravi sub poena vetuit.*
3) S. hierüber *Cod. Theod.* XVI, 8.
4) Vgl. zu dieser interessanten Inschrift den Commentar von Mommsen in den Berichten der sächs. Gesellsch. der Wissensch., phil.-hist. Cl. 1850, S. 57 ff.

Die Form, unter welcher diese Gemeinden in dem Rahmen der römischen Staatsordnung Raum finden konnten, war die der freien Vereinigungen oder der sogenannten *collegia* im weitesten Sinne des Wortes. Solcher *collegia* gab es in Rom längst eine grosse Menge zu sehr verschiedenartigen Zwecken; theils vorwiegend zu religiösen Zwecken, theils zu politischen (diese seit Cäsar und Augustus verboten), theils zum Zwecke der gegenseitigen Unterstützung ihrer Mitglieder, namentlich um den Angehörigen des Collegiums ein ehrliches Begräbniss zu sichern (*collegia tenuiorum, collegia funeraticia*). Sie unterschieden sich von den *sacerdotia publica populi Romani* hauptsächlich dadurch, dass sie vom Staate zwar anerkannt, aber nicht mit Grundbesitz dotirt, sondern auf die freien Beiträge ihrer Mitglieder angewiesen waren. In diese Kategorie gehörten also auch die Genossenschaften für fremde Culte und so insonderheit auch die jüdischen.[1)]

Unter den speciellen Rechten und Privilegien, welche den jüdischen Gemeinden durch ihre staatliche Anerkennung und durch besondere Staatsgesetze eingeräumt waren, sind namentlich zwei von Wichtigkeit: das der **freien Ausübung ihres Cultus** und dasjenige einer, wenn auch nur beschränkten **eigenen Jurisdiction** gegen ihre Mitglieder. Beide verdienen noch näher ins Auge gefasst zu werden. — Wir nehmen dabei hauptsächlich auf die Verhältnisse in Rom selbst Rücksicht.

Schon durch die Edicte aus der Zeit Cäsars war den Juden allenthalben die ungehinderte Ausübung ihres Gottesdienstes garantirt, namentlich auch die Errichtung gottesdienstlicher Gebäude gestattet, und die Verletzung dieser Bestimmungen unter Strafe gestellt worden.[2)] Aus der ausführlichen Erzählung Philo's ersehen wir, dass dies speciell auch in Rom der Fall war. Sie hatten dort schon zur Zeit des Augustus ihre Synagogen, in denen sie sich ungehindert versammeln durften. Auch war es ihnen gestattet, alljährlich ihre ge-

---

1) Vgl. über diese *collegia* nach den Forschungen von Mommsen (*De collegiis et sodaliciis* 1843, und in d. Zeitschr. f. geschichtl. Rechtswissenschaft Bd. XV, 1850. S. 353 ff.) bes. die übersichtliche Zusammenfassung bei Marquardt, Römische Staatsverwaltung Bd. III, 1878. S. 131—142. — Auch: Boissier, *La religion romaine d'Auguste aux Antonins*, 2. éd. 1878, II, 235—304. De Rossi, *Roma sotterranea* Bd. III, 1877.

2) *Joseph. Antt.* XIV. 10. 20. 21. 23. 24. 25. — Vgl. bes. XIV, 10, 23 (ψήφισμα Ἁλικαρνασσέων): δέδοκται ἡμῖν Ἰουδαίων τοῖς βουλομένοις ἄνδρας τε καὶ γυναῖκας τά τε σάββατα ἄγειν καὶ τὰ ἱερὰ συντελεῖν κατὰ τοὺς Ἰουδαϊκοὺς νόμους καὶ τὰς προσευχὰς ποιεῖσθαι πρὸς τῇ θαλάσσῃ κατὰ τὸ πάτριον ἔθος, ἂν δέ τις κωλύσῃ ἢ ἄρχων ἢ ἰδιώτης, τῷδε τῷ ζημιώματι ὑπεύθυνος ἔστω καὶ ὀφειλέτω τῇ πόλει. — Wegen προσευχή vgl. m. Neutestamentl. Zeitgesch. S. 470.

setzlichen Abgaben einzusammeln und nach Jerusalem abzuliefern.[1]) Ja es wird sogar bestimmt, dass die Entwendung solcher Gelder wie Tempelraub zu bestrafen sei.[2]) Nach der Zerstörung Jerusalems mussten die Juden allerdings die Didrachmensteuer, welche sie früher nach Jerusalem entrichtet hatten, eine Zeitlang an den Tempel des capitolinischen Jupiter abliefern.[3]) Und als Nerva diese verletzende Form aufhob,[4]) ist doch die Steuer selbst nicht erlassen worden.[5]) Aber auch jetzt durften die Juden bis gegen Ende des vierten Jahrhunderts ungehindert ihre religiösen Abgaben an das Patriarchat in Palästina (die neue Centralbehörde des jüdischen Volkes nach der Zerstörung Jerusalems) abliefern. Alljährlich wurden diese Abgaben durch die von den Patriarchen abgesandten *apostoli* eingesammelt und nach Palästina überbracht.[6]) Erst gegen Ende des vierten Jahrhunderts schritt die Staatsbehörde allmählich dagegen ein.[7]) — Wie die Abgaben so stand auch der Gottesdienst selbst unter dem Schutze der römischen Polizei. Sehr interessant ist in dieser Beziehung eine Episode, die in den *Philosophumena* des Hippolytus IX, 12 erzählt wird: der nachmalige Bischof Callistus störte einst (zur Zeit des Bischofs Victor 189—199 n. Chr.) den jüdischen Gottesdienst in Rom, wurde dafür von den Juden beim Stadtpräfecten Fuscianus verklagt, und von diesem durch Verbannung in die Bergwerke nach Sardinien bestraft. — Auch die Gesetz-

---

1) *Philo Legat. ad Caj.* § 23 (*ed. Mang.* II. 568 sq.): Πῶς οὖν ἀπεδέχετο (scil. *Augustus Judaeos*); Τὴν πέραν τοῦ Τιβέρεως ποταμοῦ μεγάλην τῆς Ῥώμης ἀποτομὴν [ἢν] οὐκ ἠγνόει κατεχομένην καὶ οἰκουμένην πρὸς Ἰουδαίων. Ῥωμαῖοι δὲ ἦσαν οἱ πλείους ἀπελευθερωθέντες . . . . . Ἠπίστατο οὖν καὶ προσευχὰς ἔχοντας καὶ συνιόντας εἰς αὐτὰς καὶ μάλιστα ταῖς ἱεραῖς ἑβδόμαις, ὅτε δημοσίᾳ τὴν πάτριον παιδεύονται φιλοσοφίαν. Ἠπίστατο καὶ χρήματα συναγαγόντας ἀπὸ τῶν ἀπαρχῶν ἱερὰ καὶ πέμποντας εἰς Ἱεροσόλυμα διὰ τῶν τὰς θυσίας ἀναξόντων. Ἀλλ' ὁ μὲν οὔτε ἐξώκισε τῆς Ῥώμης ἐκείνους, οὔτε τὴν Ῥωμαϊκὴν αὐτῶν ἀφείλετο πολιτείαν, ὅτι καὶ τῆς Ἰουδαϊκῆς ἐφρόντιζεν, οὔτε ἐνεωτέρισεν εἰς τὰς προσευχὰς, οὔτε ἐκώλυσε συνάγεσθαι πρὸς τὰς τῶν νόμων ὑφηγήσεις, οὔτε ἠναντιώθη τοῖς ἀπαρχομένοις. — Vgl. auch *ibid.* § 40 (*ed. Mang.* II, 592). — Die Existenz jüdischer Synagogen in Rom bezeugt auch *Juvenal. Sat.* III. 296: *In qua te quaero proseucha?*
2) *Joseph. Antt.* XVI, 6, 2. 4. — Früher war dies anders. Vgl. *Cicero pro Flacco* 28.
3) *Joseph. Bell. Jud.* VII, 6, 6. *Dio Cass.* LXVI, 7. — Vgl. *Sueton. Domitian.* 12: *Judaicus fiscus acerbissime actus est.*
4) Vgl. die Münze Nerva's mit der Umschrift *Fisci Judaici calumnia sublata* (*Madden, Jewish Coinage p.* 199, u. sonst).
5) *Appian. Syr.* 50. *Origenis Ep. ad Africanum.* § 14. (Opp. ed. de la Rue I, 28.)
6) S. über diese *apostoli* und ihr Amt: *Euseb. Comment. ad Jesaj.* 18, 1. — *Epiphan. haer.* 30, 4 u. 11. — *Hieronymus ad Gal.* 1, 1. — *Codex Theodos.* XVI, 8, 14.
7) Vgl. über die (nicht mit einemmale durchgeführte) Abschaffung: *Julian. epist.* 25. — *Codex Theodos.* XVI, 8, 14. 17. 29.

gebung der christlichen Kaiser hat diesen Stand der Dinge strenge aufrecht erhalten. Selbst diejenigen, welche den Juden ungünstig gesinnt waren und die Erbauung neuer Synagogen verboten, haben doch die vorhandenen unter den Schutz des Staatsgesetzes gestellt.[1])

Beinahe von gleicher Wichtigkeit war es für die jüdischen Gemeinden, dass ihnen auch, wenigstens in einem gewissen Umfange, die eigene Gerichtsbarkeit zugestanden wurde. Das mosaische Gesetz und die daran anknüpfende pharisäische Gesetzestradition beschränkte sich ja nicht auf die religiösen Angelegenheiten. Es griff auch tief in das bürgerliche Leben ein und regelte dies nach seinen eigenen Normen. Daher musste das Judenthum in der Diaspora grossen Werth auf die eigene Gerichtsbarkeit legen.[2]) Und es scheint, dass ihm diese in der Regel auch zugestanden wurde. Natürlich konnte es sich nur um die Gerichtsbarkeit für die eigenen Volksangehörigen handeln, also nicht um Fälle, wo die Interessen von Nichtjuden mit in Frage kamen. Aber in jenem Umfange scheinen die jüdischen Gemeinden in der Regel ihre eigene Gerichtsbarkeit gehabt zu haben. Dafür spricht namentlich ein Schreiben des L. Antonius (50/49 Präses der Provinz Asien) an die Behörden von Sardes, in welchem es heisst (*Joseph. Antt.* XIV, 10, 17): Ἰουδαῖοι . . . ἐπεδειξαν ἑαυτοὺς σύνοδον ἔχειν ἰδίαν κατὰ τοὺς πατρίους νόμους ἀπ' ἀρχῆς καὶ τόπον ἴδιον, ἐν ᾧ τά τε πράγματα καὶ τὰς πρὸς ἀλλήλους ἀντιλογίας κρίνουσι· τοῦτό τε αἰτησαμένοις ἵν' ἐξῇ αὐτοῖς ποιεῖν, τηρῆσαι καὶ ἐπιτρέψαι ἔκρινα. Dafür spricht ferner die Thatsache, dass nach verschiedenen Andeutungen des Neuen Testaments die Juden factisch ihre eigene Gerichtsbarkeit auch in der Diaspora ausgeübt haben (*Act. ap.* 9, 2. 22, 19. 26, 11. II *Kor.* 11, 24. Vgl. auch *Act.* 18, 12—17). Sicher ist es, dass sie in Alexandria ihre eigene Gerichtsbarkeit hatten (*Strabo* bei *Joseph. Antt.* XIV, 7, 2). — Auch unter den christlichen Kaisern genossen die Juden noch dieses Privilegium, doch ausdrücklich nur für Civilsachen, nicht für Criminalsachen, und nur wenn die beiden processirenden Parteien dahin übereinkamen, vor jüdischen Gerichten Recht zu suchen, s. *Cod. Theodos.* II, 1, 10: *Sane si qui per compromissum, ad similitudinem arbitrorum, apud Judaeos vel patriarchas ex consensu partium in civili duntaxat negotio putaverint litigandum, sortiri eorum judicium jure publico non vetentur: eorum etiam sententias provinciarum judices exsequantur, tamquam ex sententia cognitoris arbitri fuerint attributi* (Erlass der Kaiser Arcadius und Honorius v. J. 398 n. Chr.). Vgl. auch *Cod. Theodos.* XVI, 8, 8.

---

[1]) S. überhaupt *Cod. Theodos.* XVI, 8, 9. 12. 20. 21. 25. 26. 27.
[2]) Die Rabbinen haben das Anrufen heidnischer Gerichte entschieden verworfen. S. die Stellen bei Wetstein zu 1 Kor. 6, 1.

— Eine sehr weitgehende Machtbefugniss muss der jüdische Ethnarch oder Patriarch in Palästina gehabt haben, der nach dem Untergang des jüdischen Staatslebens das Oberhaupt der Nation bildete. Seiner Jurisdiction scheinen sich die sämmtlichen jüdischen Diasporagemeinden freiwillig unterworfen zu haben. Und seine Befugniss war so weitgehend, dass die Kirchenväter sich ernstlich Mühe geben mussten, um zu beweisen, dass trotzdem schon zur Zeit Christi das Scepter von Juda genommen worden sei.[1])

Ueber die innere Verfassung der jüdischen Gemeinden haben wir in der Literatur nur ganz fragmentarische Notizen. Wir würden uns davon kaum eine deutliche Vorstellung machen können, wenn nicht die, zum Theil erst in neuerer Zeit in den jüdischen Cömeterien in Rom gefundenen Inschriften ein reiches Material enthielten, das uns wenigstens über die Verfassungsverhältnisse der römischen Gemeinde verhältnissmässig genauen Aufschluss giebt. Es sind bis jetzt im Ganzen vier jüdische Cömeterien in der Umgebung Roms aufgedeckt worden.[2]) 1) Ein ziemlich unansehnliches entdeckte Bosio im J. 1602 vor der Porta Portuensis. Es war wohl der Begräbnissplatz der Juden in Trastevere oder wenigstens einer ihrer Begräbnissplätze. Leider ist die Kenntniss der Localität später verloren gegangen, und es ist bis jetzt nicht gelungen, sie wiederzufinden.[3]) 2) Um so erwünschter war es, dass im Anfang der sechziger Jahre an der Via Appia in der Vigna Randanini (noch etwas weiter aussen, als die Callistkatakombe)[4]) ein grösseres und namentlich auch an Inschriften reicheres Cömeterium entdeckt wurde, dem die Mehrzahl der jetzt bekannten Inschriften entstammt. 3) Im J. 1867 (oder 1866?) wurde in der Vigna des Grafen Cimarra ebenfalls an der Via Appia (beinahe gegenüber der Callistkatakombe) ein jüdisches Cömeterium aufgedeckt, über welches de Rossi im Bullettino V, 16 eine kurze Notiz gegeben hat. Die, nach de Rossi übrigens nicht zahlreichen, Inschriften aus demselben sind meines Wissens bis jetzt nicht publicirt worden. 4) Auch in Porto (an der Tibermündung) gab es ein jüdisches Cömeterium, welchem (nach de Rossi, Bullettino IV, 1866, S. 40) eine Anzahl der schon seit längerer Zeit bekannten jüdischen Grabschriften entstammt.

Die Sprache der in diesen Cömeterien gefundenen Inschriften ist vor-

---

1) *Pamphil. Apolog. pro Orig.* bei *Routh, Reliquiae sacrae* IV, 360. *Cyrill. Catechcs.* XII, 17. Ueberhaupt auch *Orig. ep. ad African.* §. 14. — Einige der patristischen Stellen hier und sonst verdanke ich meinem Collegen Harnack.
2) Vgl. die Uebersicht bei Kraus. Roma Sotterranea (1. Aufl.) S. 489 f.
3) Garrucci, Cimitero degli antichi Ebrei S. 3.
4) S. den Plan bei De Rossi, Bullettino Bd. V. 1867, S. 3 und dazu die Erläuterung S. 16.

wiegend die griechische, theilweise die lateinische. Dagegen hat sich nirgends eine hebräische Inschrift gefunden. Nur einzelne hebräische Worte sind öfters den griechischen Inschriften am Schlusse beigeschrieben, wie שלום u. dgl. — Eben durch diese hebräischen Beischriften, sowie durch die häufig sich findenden jüdischen Symbole: den siebenarmigen Leuchter, die Lade mit den Gesetzesrollen, den Lulab und Ethrog (Palmzweig und Citrone), ist der **jüdische Ursprung** dieser Inschriften und Cömeterien mit Sicherheit zu constatiren. — Das Alter der Inschriften lässt sich nur sehr annähernd bestimmen. Die Mehrzahl dürfte der späteren Kaiserzeit angehören; einige mögen aber älter sein, und schon dem ersten und zweiten Jahrhundert der christlichen Zeitrechnung angehören (s. z. B. de Rossi, Bull. IV, 40).

Die durch ältere Publicationen bekannten jüdischen Inschriften sind grösstentheils im Anhang zum *Corpus Inscriptionum Graecarum* zusammengestellt.[1] Daneben findet sich noch Einiges zerstreut an andern Orten.[2] Auf dieses ältere Material nimmt Levy in seinen Beiträgen Rücksicht.[3] Eine ausserordentliche Bereicherung des Materiales lieferte das Cömeterium in der Vigna Randanini. Die Entdeckungen in demselben sind aber nicht alle zu gleicher Zeit gemacht worden. Das zuerst Entdeckte publicirte Garrucci in seinem „Cimitero".[4] Hiezu kamen von demselben zunächst Nachträge in zwei Abhandlungen der Civiltà Cattolica[5]), und diese sind dann wieder abgedruckt und abermals mit Nachträgen vermehrt worden in dessen „Dissertazioni".[6] Ein paar neue Inschriften aus andern Cömeterien publicirte gelegentlich de Rossi[7]), diejenigen des Museums von Neapel Fiorelli.[8] Eine Auswahl, meist nach Garrucci, ist zusammengestellt bei Engeström.[9]

1) *Corp. Inscr. Graec. t.* IV n. 9894–9926 (bearbeitet von Kirchhoff).
2) Z. B. bei Orelli-Henzen, *Inser. Lat. Coll.* n. 2522. 2523. 3222 6114. 6145. — Mommsen, *Inscr. Regni Neapolitani* n. 2555. 3657. 7190; und in anderen Werken.
3) Levy, Epigraphische Beiträge zur Geschichte der Juden, in: Jahrbuch für die Geschichte der Juden [herausg. v. Goldschmidt] Bd. II, 1861, S. 259–324.
4) *Garrucci, Cimitero degli antichi Ebrei scoperto recentemente in Vigna Randanini*. Roma 1862.
5) *Garrucci, Descrizione del Cimitero Ebraico di Vigna Randanini sulla via Appia* (Civiltà cattolica Vol. III della serie quinta, Roma 1862. p. 87–97). — Ders., *Nuove epigrafi giudaiche di vigna Randanini* (Civiltà cattolica Vol. VI della serie quinta, Roma 1863, p. 102–117).
6) *Garrucci, Dissertazioni archeologiche di vario argomento, Vol.* II. Roma 1865, p. 150–192.
7) *De Rossi, Bullettino di Archeologia cristiana* (1. Serie). Bd. IV, 1866, S. 40; Bd. V, 1867, S. 16.
8) *Fiorelli, Catalogo del Museo Nazionale di Napoli. Raccolta epigrafica. II. Iscrizioni Latine* (Napoli 1868) n. 1951–1965.
9) *Engeström, Om Judarne i Rom under äldre tider och deras Katakomber*. Upsala 1876.

Im Anhang dieser Abhandlung habe ich alle diejenigen jüdischen Inschriften zusammengestellt, welche für die Verfassungsverhältnisse in Betracht kommen.

II.

Aus den Inschriften erhellt zunächst dies, dass die Juden in Rom eine grössere Anzahl einzelner selbständig organisirter Gemeinden (συναγωγαί) bildeten, jede mit eigener Synagoge, eigener Gerusia und eigenen Gemeindebeamten. Von einer einheitlichen Zusammenfassung der gesammten römischen Judenschaft unter eine γερουσία zeigt sich keine Spur. Es ist dies eine sehr bemerkenswerthe Erscheinung, wenn man damit z. B. die Organisation der alexandrinischen Judenschaft vergleicht. Obwohl diese noch viel zahlreicher war, als die römische, war sie doch durchaus einheitlich organisirt; in der früheren Zeit mit einem ἐθνάρχης an der Spitze (*Strabo* bei *Jos. Antt.* XIV, 7, 2), später unter einer γερουσία (*Philo in Flacc.* § 10). Das war eben in Alexandria möglich, wo die Juden seit der Gründung der Stadt einen sehr wesentlichen und ansehnlichen Bruchtheil der Bevölkerung bildeten und von vornherein eine viel dominirendere Stellung einnahmen als in Rom. In Rom konnte nicht daran gedacht werden, der nach Tausenden zählenden Judenschaft eine so straffe Organisation zu gestatten. Hier mussten sie sich mit der bescheideneren Stellung einzelner religiöser Genossenschaften (*collegia*) begnügen. — Die einzelnen Gemeinden scheinen sich besondere Namen beigelegt zu haben, von denen uns noch manche durch die Inschriften erhalten sind. Es werden nämlich folgende Gemeinden mit Namen genannt: 1) Eine συναγωγὴ Αὐγουστησίων kommt dreimal vor: Nr. 1 = Corp. Inscr. Graec. 9902: γερουσιάρχης συναγωγῆς Αὐγουστησίων (sic). Nr. 2 = CIG 9903: ἀπὸ τῆς συναγωγῆς τῶν Αὐγουστησίων. Nr. 37 = Orelli 3222: *Marcus Cuyntus Alexus grammateus ego* (l. ἐκ) *ton Augustasion mellarcon eccion* (l. ἐκ τῶν) *Augustesion*. — 2) Eine συναγωγὴ Ἀγριππησίων wird erwähnt: Nr. 6 = CIG 9907. — 3) Eine *synagoga Bolumni* (l. *Volumni*): Nr. 11 = Orelli 2522. — Diese drei Gemeinden nennen sich nach hervorragenden Personen. Da neben den Αὐγουστήσιοι auch Ἀγριππήσιοι vorkommen, so ist wohl nicht daran zu zweifeln, dass jene ihren Namen von dem ersten Augustus, und diese den ihrigen von dessen Freunde und Rathgeber M. Agrippa haben; also nicht von einem der jüdischen Könige Agrippa I oder II. Aber nicht sicher zu ermitteln ist, in welchem Sinne jene Namen gemeint sind: ob die Gemeinden damit den Augustus, Agrippa, Volumnus als ihre Patrone bezeichnen wollen, oder ob sie etwa so heissen, weil ihre Mitglieder sämmtlich im Dienste des Augustus etc. standen, als Sklaven oder Freigelassene. Ersteres wäre möglich, da Analoges sich auch bei den religiösen Genossenschaften der Griechen findet [1]), und da von Augustus und Agrippa bekannt ist, wie sehr sie die Juden begünstigten. Letzteres hätte seine Analogie an den römischen Christen „aus dem Hause des Kaisers", die aus dem Philipperbriefe bekannt sind (*Phil.* 4, 22: ἀσπάζονται ὑμᾶς . . . οἱ ἐκ τῆς Καίσαρος οἰκίας). Die *synagoga Bolumni* könnte auch so genannt sein, weil sie von Volumnus gestiftet war oder weil die Versammlungen im Hause des Volumnus stattfanden, vgl. *Rom.* 16, 5. *I Kor.* 16, 19: Ἀκύλας καὶ Πρίσκα σὺν τῇ κατ' οἶκον αὐτῶν ἐκκλησίᾳ. — Andere Gemeinden nannten sich nach demjenigen Stadttheile Roms, in welchem die Mitglieder wohnten. So die folgenden beiden: 4) Die Synagoge der Καμπήσιοι, welche auf folgenden Inschriften vorkommt: Nr. 4 = CIG 9905: συναγωγῆς Καμπησίων Ῥώμης. Nr. 5 = CIG 9906: ἄρχων Κα[μ]πείων (?). Nr. 11 = Orelli 2522: *Synagogarum Campi et Bolumni.* Nr. 22 = Garrucci, Diss. II, 161 n. 10: συναγωγῆς Καμπησίων. Wegen der zweifelhaften Form Καμπείων vgl. den Commentar zu Nr. 5. — 5) Ein ἄρχων Σιβουρησίων wird erwähnt: Nr. 10 = CIG 6447. — Die Καμπήσιοι haben ihren Namen natürlich vom *Campus Martius,* die Σιβουρήσιοι von der *Subura,* einem der belebtesten und geräuschvollsten Quartiere des alten Roms, einem Centrum des Handels und des Geschäftslebens.[2]) Fraglich kann nur sein, ob jene Gemeinden in den betreffenden Stadttheilen auch ihre Synagogen hatten. Man kann dies nämlich bezweifeln, da wenigstens noch zur Zeit des Augustus die Ausübung fremder Sacra innerhalb des *pomerium* nicht gestattet war.[3]) Es wäre also denkbar, dass z. B. die Siburesier nur deshalb so hiessen, weil sie in der Subura wohnten und Handel trieben, während sie ihre Synagoge ausserhalb hatten. Aber das Gesagte gilt freilich nur von der Zeit etwa bis zum zweiten Jahrhundert n. Chr. (s. Marquardt a. a. O.). In der späteren Kaiserzeit konnte recht wohl auch in der Subura eine jüdische Synagoge sein. — Von anderen Synagogennamen sind noch folgende bekannt: 6) Eine συναγωγὴ Λιβρέων (sollte heissen Ἑβραίων): Nr. 8 = CIG 9909. Sie bestand vielleicht aus solchen Juden, die zunächst ihre vaterländische Sprache noch beibehalten hatten und sich daher Ἑβραῖοι nannten im Gegensatz zu den Ἑλληνισταί

---

1) Heinrici, Zeitschr. f. wissenschaftl. Theol. 1876, S. 483: „Andere nennen sich nach dem Stifter oder Patron, wie die Ἀτταλισταί in Pergamos, der θίασος ὁ Φαινεμάχου, die θιασῶται Ἰσοδήμου".
2) Pauly's Real-Enc. d. class. Alterthumswissensch. VI, 1, 526.
3) Jordan im Hermes VI, 320. Marquardt, Römische Staatsverwaltung III, 85.

(vgl. Acta Ap. 6, 1). — 7) Eine συναγωγὴ Ἐλαίας war schon früher bekannt durch die Inschrift Nr. 3 = CIG 9904. Jetzt ist ein zweites Zeugniss für dieselbe hinzugekommen durch eine Inschrift aus dem neuentdeckten jüdischen Cömeterium in der Vigna des Grafen Cimarra, wo ebenfalls die συνα[γωγ]ὴ Ἐλέας erwähnt wird (De Rossi, Bullettino V, 1867, p. 16). — 8) Eine [συνα]-γωγὴ [τῶν] Ῥοδίων ist möglicherweise genannt auf der Inschrift Nr. 36 = Garrucci, Diss. II, 185 n. 37. — Den Namen der συναγωγὴ Ἐλαίας hat man daraus erklären wollen, dass sie den Oelbaum zum Symbol hatte.[1]) Dies ist wenigstens ohne Analogie. Wenn die Lesung τῶν Ῥοδίων richtig ist, dann würde etwa anzunehmen sein, dass die beiden zuletztgenannten Gemeinden aus Juden bestanden, welche früher in Elea, resp. in Rhodus gelebt hatten. Es könnten jedenfalls nur kleine Gemeinden gewesen sein, etwa nach Art der christlichen Hausgemeinden (Rom. 16, 5. I Kor. 16, 19). Aber wenn wir sie uns auch noch so klein vorstellen, so bleibt es doch schwer glaublich, dass namentlich in Elea (Velia) so viele Juden sollten gelebt haben, dass sich hievon wieder eine Gemeinde nach Rom abzweigen konnte (anders steht es Act. 6, 9). Die Sache bleibt also dunkel. — 9) Einen ἄρχων Καλκαρετισίων hat Garrucci (Cimitero degli antichi Ebrei p. 39) auf der Inschrift Nr. 5 = CIG 9906 entdecken wollen. Er denkt dabei an eine Genossenschaft jüdischer calcarienses (Kalkbrenner) nach Art der bekannten römischen Handwerkergenossenschaften. Aber die Richtigkeit seiner Lesung ist höchst fraglich (vgl. den Commentar zu Nr. 5); und überdies lässt sich die Form Καλκαρετίσιοι für calcarienses schwerlich rechtfertigen.

Die hier aufgeführten Namen von Gemeinden sind nur Beispiele, die uns gerade zufällig bekannt sind. Man wird annehmen dürfen, dass ihre Zahl damit nicht erschöpft ist. — Neben der Verschiedenheit dieser einzelnen Gemeinden lehren die Inschriften aber zugleich das Weitere, dass die verschiedenen Gemeinden doch theilweise gemeinsame Begräbnissplätze hatten. Denn wenn auch die Herkunft der Inschriften Nr. 1—11, auf welchen zusammen sieben Gemeinden erwähnt werden, nicht bei allen näher bekannt ist, so darf man doch annehmen, dass sie nicht aus sieben verschiedenen Cömeterien herrühren. Auf den Inschriften aus der Vigna Randanini (Nr. 12—36) werden wenigstens zwei verschiedene Gemeinden genannt, die Καμπήσιοι (Nr. 22) und die . . . ρόδιοι (Nr. 36). Es scheint also, dass sich zuweilen mehrere Gemeinden zur Anlegung gemeinsamer Begräbnissplätze vereinigten. — Umgekehrt stammen auch wieder Inschriften einer und derselben Gemeinde aus

---

1) Z. B. Caspari, Quellen zur Geschichte des Taufsymbols III, 279. Auch ich selbst habe daran gedacht, Neutestamentl. Zeitgesch. S. 636 f.

verschiedenen Cömeterien. So die der *Καμπήσιοι* und die der *συναγωγὴ Ἐλέας*, welche beide schon auf früher bekannten Inschriften vorkommen; daneben aber auch auf Inschriften aus erst jüngst entdeckten Cömeterien. Es konnte eben ein und dieselbe Gemeinde zu verschiedenen Zeiten verschiedene Begräbnissplätze benützen. Da auf den jüdischen Grabschriften stets die etwaige amtliche Stellung des Verstorbenen oder des Hinterbliebenen, der die Grabschrift setzt, genannt wird, so lässt sich aus ihnen ein ziemlich reichhaltiges Material über die Verfassung der jüdischen Gemeinden in Rom zusammenstellen. Ich gebe im Folgenden eine vollständige Sammlung des Materiales und werde mich bemühen, daran nur solche Combinationen zu knüpfen, die wenigstens auf Wahrscheinlichkeit Anspruch machen können. Die Aemter, welche auf den Inschriften erwähnt werden, sind also folgende:

1) Der *γερουσιάρχης*.

Nr. 1 = CIG 9902: *Κεντιανὸς γερουσιάρχης συναγωγῆς Αὐγοστησίων*.
Nr. 14 = Garr. Cim. p. 51: [*Ἀσ*]*τέρις*[1]) *ἄρχων* [*ἐπ*]*όησεν τοῖς γονεῦσιν αὐτοῦ Ἀστερίῳ γιερουσάρχῃ* (sic) *κ. τ. λ.*
Nr. 18 = Garr. Cim. p. 62: *Οὐρσακίου ἀπὸ Ἀκουιλείας γερουσιάρχου*.
Nr. 20 = Garr. Cim. p. 69: *Παγχάρις γερουσιάρχης*.
Nr. 34 = Garr. Diss. II, 183 n. 27: *Θαιόφιλ*[*ος γερο*]*υσιάρχης*.
Nr. 41 = Mommsen IRN 2555: *Ti. Claudius Philippus dia viu et gerusiarches* (zu Marano bei Neapel).

Der *γερουσιάρχης* kann nichts anderes sein, als das Haupt der *γερουσία*. Sein Vorkommen beweist also zunächst die Existenz einer *γερουσία*. Wir fügen sogleich hinzu: die Existenz einer *γερουσία* für jede einzelne Gemeinde. Denn dies erhellt aus der Inschrift Nr. 1. Wenn in den übrigen Fällen der Betreffende nur *γερουσιάρχης* schlechthin genannt wird, ohne Nennung der bestimmten Einzelgemeinde, welcher er angehört, so hebt dies jenen Schluss nicht auf. Denn eine solche Näherbestimmung war zur Bezeichnung der amtlichen Würde nicht nöthig, konnte also wegbleiben; namentlich wenn etwa das betreffende Cömeterium, in welchem der Verstorbene beigesetzt wurde, vorwiegend oder ausschliesslich einer Gemeinde angehörte. Jede der einzelnen jüdischen Gemeinden in Rom hatte demnach ihre eigene *γερουσία* mit eigenen Beamten. — Sehr merkwürdig ist nun aber, dass

---

[1]) Diese Männernamen auf *ις* sind sämmtlich nur entstanden durch corrupte Aussprache der Endung *ιος*. So *Ἀστέρις*, *Παγχάρις*, *Σαββάτις* für *Ἀστέριος*, *Παγχάριος*, *Σαββάτιος*.

auf den äusserst zahlreichen jüdischen Grabschriften in Rom nirgends ein πρεσβύτερος erwähnt wird. Wenn es eine γερουσία gab, so muss es doch auch γέροντες oder πρεσβύτεροι gegeben haben. Wie ist also das vollständige Fehlen dieses Titels zu erklären? Man könnte sich zunächst zu der Annahme versucht fühlen, dass die γερουσία nur aus den ἄρχοντες bestanden habe, die so häufig erwähnt werden, vgl. unten sub 2. Eine solche Annahme würde aber allen Analogien widersprechen, die wir kennen. Ueberall, wo die Verhältnisse uns genauer bekannt sind, sind die ἄρχοντες nur der Ausschuss der βουλή oder der γερουσία, die Träger der Executivgewalt, die im Namen und Auftrag der γερουσία die Geschäfte leiten, also nicht mit der γερουσία identisch. So in allen hellenistischen Communen, wo durchgängig die constituirenden Gewalten bezeichnet werden durch die dreitheilige Formel ἄρχοντες βουλή, δῆμος. Auch in einem Erlass des Claudius an die Gemeinde von Jerusalem lautet die Adresse (*Joseph. Antt.* XX, 1, 2): Ἱεροσολυμιτῶν ἄρχουσι βουλῇ δήμῳ, Ἰουδαίων παντὶ ἔθνει. Josephus selbst gebraucht den Ausdruck ἄρχοντες, um damit — nicht etwa das ganze Synedrium von Jerusalem, sondern nur die Häupter desselben zu bezeichnen, welche die Geschäfte leiteten, *Bell. Jud.* II, 16, 1: οἱ τῶν Ἱεροσολύμων ἄρχοντες, *Ibid.* II, 17, 1: οἵ τε ἄρχοντες καὶ οἱ βουλευταί, *Ibid.*: τοὺς μὲν ἄρχοντας ἅμα τοῖς δυνατοῖς, *Ibid.* II, 21, 7: οἱ δυνατοὶ καὶ τῶν ἀρχόντων τινές. Besonders instructiv ist die Vergleichung mit den alexandrinischen Verhältnissen, weil es sich dort auch um eine jüdische Gemeinde in der Diaspora handelt. Und da unterscheidet nun Philo deutlich und unmissverständlich die ἄρχοντες von der γερουσία (*Philo, in Flaccum* § 10, ed. *Mang.* II, 527 sq.). Jene ἄρχοντες sind sicher nichts anderes als die von Josephus ebenfalls in der alexandrinischen Gemeinde erwähnten πρωτεύοντες τῆς γερουσίας (*Bell. Jud.* VII, 10, 1). — Wie es also in Alexandria eine jüdische γερουσία mit ἄρχοντες an der Spitze gab, so werden auch in den römischen Judengemeinden die ἄρχοντες nicht mit der γερουσία identisch, sondern vielmehr der **geschäftsführende Ausschuss** der letzteren gewesen sein. Der Umstand aber, dass auf den Inschriften ausser den ἄρχοντες nirgends γέροντες oder πρεσβύτεροι erwähnt werden, wird einfach daraus zu erklären sein, dass die πρεσβύτεροι, die Mitglieder der γερουσία, keine eigentlichen Beamten waren. Sie kommen also gerade deshalb nirgends vor, weil sie so zahlreich waren.

Man sieht aus dem Obigen, dass die Verfassung der jüdischen Gemeinden in der Diaspora sich wenigstens in ihren allgemeinsten Grundzügen an das Vorbild der hellenistischen Communalverfassung anlehnte. Beweisend dafür ist namentlich der technische Gebrauch des Wortes ἄρχοντες. Am deutlichsten ist dieser Einfluss bei dem πολίτευμα der Juden in Berenice, an dessen

Spitze geradezu neun Archonten standen, augenscheinlich nach dem Vorbild der neun Archonten von Athen, vgl. unten sub 2. Aber selbst bei dem Synedrium von Jerusalem lässt sich der Einfluss der hellenistischen Communalverfassung nachweisen. Man erkennt ihn namentlich an dem Vorkommen der πρῶτοι δέκα (Joseph. Antt. XX, 8, 11), die, wie mir scheint, nichts anders sind, als die häufig vorkommenden δεκάπρωτοι der hellenistischen Communen.[1])

Ueber die Organisation der jüdischen γερουσίαι in Rom fehlt jedes nähere Detail. Wir kennen nicht einmal die Zahl ihrer Mitglieder. In Alexandria liess einst der Statthalter Flaccus 38 Mitglieder der jüdischen γερουσία in's Theater schleppen und daselbst geisseln (Philo in Flacc. § 10). Aber dies beweist nichts für Rom. Noch weniger wissen wir, wie die Mitglieder gewählt wurden, und wie die Competenzen zwischen γερουσιάρχης, ἄρχοντες und γερουσία vertheilt waren. Nur dies wird man sagen dürfen, dass das Vorkommen des γερουσιάρχης nicht den monarchischen Charakter der Verfassung beweist. Er wird unter den ἄρχοντες nur der primus inter pares gewesen sein. — Jedenfalls aber hatte die γερουσία nicht nur die religiösen Angelegenheiten der Gemeinde zu leiten. Sie war ebensogut eine bürgerliche Behörde, und wird insonderheit auch die Jurisdiction über die Gemeindeglieder gehabt haben, soweit eben eine solche der Gemeinde von der staatlichen Behörde zugestanden war.

2) Die ἄρχοντες.

Nr. 5 = CIG 9906: Ἰουλιανὸς ἱερεὺς ἄρχων Κα[μ]πείων (?) υἱὸς Ἰουλιανοῦ ἀρχισυναγώγου.

Nr. 10 = CIG 6447: Νεικόδημος ὁ ἄρχων Σιβουρησίων.

Nr. 12 = Garr. Cim. p. 35: Εὐτυχιανὸς ἄρχων.

Nr. 14 = Garr. Cim. p. 51: [Ἀσ]τέρις ἄρχων [ἐπ]όησεν τοῖς γονεῦσιν αὐτοῦ Ἀστερίῳ γερουσιάρχῃ (sic) κ. τ. λ.

Nr. 16 = Garr. Cim. p. 61: Ῥοῦφος ἄρχ(ων).

Nr. 17 = Garr. Cim. p. 61: Ὀνωρατὸς γραμμα(τεὺς) νήπιος υἱὸς Ῥούφου ἄρχ(οντος).

Nr. 19 = Garr. Cim. p. 67: Stafulo arconti et archisynagogo honoribus omnibus functus.

Nr. 21 = Garr. Diss. II, 158 n. 4: Ἀλεξάνδρῳ ἄρχοντι.

Nr. 26 = Garr. Diss. II, 164 n. 15: Ζωτικὸς ἄρχων.

Nr. 27 = Garr. Diss. II, 164 n. 16: Ζαβουττᾶτι φίλιο (l. filio) ἄρχοντι.

---

[1] S. über diese δεκάπρωτοι Kuhn, Die städtische und bürgerliche Verfassung des röm. Reichs I, 55. Marquardt, Römische Staatsverwaltung I, 521 f.

Nr. 28 = Garr. Diss. II, 161 n. 17: *Valerius archon*.
Nr. 29 = Garr. Diss. II, 161 n. 18: *pater et arcecon* (sic).
Nr. 38 = CIG 6337: *Ἀμέλις ἄρχω(ν)*.
De Rossi, Bullettino V, 16: *Ζωτάθα ἄρχων*. [1]
Nr. 39 = De Rossi, Bull. IV, 40: *Κλαύδιος Ἰωσῆς ἄρχων* (in Porto).
Nr. 42 = Mommsen IRN. 3657: *Alfius Juda arcon arcosynagogus* (zu Capua.

ἄρχων πάσης τιμῆς·
Nr. 24 = Garr. Diss. II, 163 n. 13: *Ἀλέξανδρος ἄρχων πάσης τειμῆς τέκνῳ γλυκυτάτῳ Ἀλεξάνδρῳ μελλάρχοντι*.
Nr. 25 = Garr. Diss. II, 163 n. 14: *Jonata archon pases tessimen*.

δὶς ἄρχων·
Nr. 9 = CIG 9910: *Σαββάτις δὶς ἄρχων*.
Nr. 13 = Garr. Cim. p. 47: *Μάρων β' ἄρχ(ων)*.

Jüdische Archonten kommen auch sonst vor. Ein *ἄρχων τῶν ἐπ' Ἀντιοχείας Ἰουδαίων* wird z. B. *Joseph. Bell. Jud.* VII, 3, 3 erwähnt. In Alexandria haben wir die *ἄρχοντες* der dortigen Judenschaft bereits kennen gelernt (*Philo in Flacc.* § 10 [2 mal] und § 14). Von besonderem Interesse ist die Inschrift von Berenice in Africa (Corp. Inser. Graec. 5361, auch in meiner Neutestamentl. Zeitgesch. S. 628 f.), auf welcher die neun Archonten der dortigen jüdischen Gemeinde sich mit Namen nennen. Sie geriren sich ganz wie die Archonten einer griechischen Stadt (vgl. bes. *lin.* 21—22: *ἔδοξε τοῖς ἄρχουσι καὶ τῷ πολιτεύματι τῶν ἐν Βερενίκῃ Ἰουδαίων*). Auf den Grabinschriften werden jüdische *ἄρχοντες* auch in Porto und in Capua erwähnt (Nr. 39 und 42). Es ist also nichts Singuläres, wenn wir solche *ἄρχοντες* auch bei den jüdischen Gemeinden in Rom vorfinden. [2] Im Wesentlichen identisch mit ihnen sind wohl die in der späteren juristischen Literatur erwähnten *majores* (Cod. Theodos. XVI, 8, 1), *primates* (Ibid. XVI, 8, 8) und *proceres* (Ibid. XVI, 8, 10) der Juden: vgl. bes. Ibid. XVI, 8, 29: *Judaeorum primates, qui in utriusque Palaestinae synedriis nominantur vel in aliis provinciis degunt*.
— Eine für seine Zeit vortreffliche Abhandlung über die jüdischen *ἄρχοντες* schrieb *Wesseling*, *De Judaeorum archontibus ad Inscriptionem Berenicensem, Traj. ad Rh.* 1738 (auch in Ugolino's Thesaurus Bd. XXIV).

---

1) Die Inschrift konnte im Anhang nicht gegeben werden, da de Rossi nur diesen Namen und Titel, nicht die ganze Inschrift mitgetheilt hat.
2) Nicht zu vergleichen ist der jüdische Archon von Tiberias (*Jos. Bell. Jud.* II, 21, 3. *Vita* 27. 53. 54. 57). Denn dies ist der Archon der Stadt Tiberias, die eine ganz hellenistische Verfassung hatte. S. Kuhn, Die städt. u. bürgerl. Verf. des röm. Reichs II, 353 f. Meine Neutestamentl. Zeitgesch. S. 235.

Was unter dem Amt der ἄρχοντες im Allgemeinen zu verstehen ist, kann nach dem oben beim Gerusiarchen Bemerkten nicht wohl zweifelhaft sein. Sie waren die πρωτεύοντες τῆς γερουσίας, wie Josephus (*B. J.* VII, 10, 1) die ἄρχοντες in Alexandria nennt. Unsere Voraussetzung, dass jede der jüdischen Gemeinden in Rom ihre eigenen Beamten gehabt habe, wird hier durch die Inschriften Nr. 5 und 10 bestätigt. Aus dem Umstande, dass auf der Inschrift Nr. 10 ὁ ἄρχων mit dem Artikel steht, wird man nicht schliessen dürfen, dass die Siburesier nur einen Archon hatten. Es ist dies nicht nothwendig damit gesagt. Und es wäre dann ἄρχων und γερουσιάρχης identisch, was doch höchst unwahrscheinlich (s. dagegen Nr. 14, wo ἄρχων und γερουσιάρχης neben einander genannt werden). — In Betreff der Zahl der Archonten kann man, um eine ungefähre Vorstellung zu erhalten, die neun Archonten von Berenice vergleichen. — Interessant ist, dass auf den Inschriften Nr. 5 und 14, auf welchen gleichzeitig je Vater und Sohn als Inhaber von Aemtern genannt werden, jedesmal der Sohn es ist, welcher das Amt des ἄρχων bekleidet, während der Vater das einemal Archisynagog, das anderemal Gerusiarch ist. Letzteres waren eben die höheren und wichtigeren Aemter. — Aus Nr. 5 sieht man, dass auch ein Priester ἄρχων sein konnte, während die priesterliche Abstammung an sich nicht eine amtliche Stellung in der Gemeinde involvirte. — Nicht ganz deutlich ist, was unter dem ἄρχων πάσης τιμῆς zu verstehen ist, der auf Nr. 24 genannt und wohl auch mit dem barbarischen *archon puses tessimen* Nr. 25 gemeint ist. Man wird auch das *honoribus omnibus functus* auf Nr. 19 zu vergleichen und etwa daran zu denken haben, dass die Betreffenden neben dem Amt des ἄρχων auch das eines Gerusiarchen und Archisynagogen schon bekleidet hatten.

Von grossem Interesse sind die beiden oben zuletzt genannten Inschriften Nr. 9 und 13, welche beweisen, dass die Archonten auf bestimmte Zeit gewählt wurden — auf wie lange, wissen wir freilich nicht. Eine erwünschte Ergänzung hiezu bietet die folgende sehr merkwürdige Stelle in einer dem Chrysostomus zugeschriebenen *Homilia in S. Johannis Natalem*.[1] Die Stelle ist um so werthvoller, als die Homilie, wie Wesseling nachgewiesen hat, speciell die Verhältnisse in Italien während der späteren Kaiserzeit berücksichtigt, also genau dieselben Kreise, denen auch die Inschriften entstammen.

---

[1] Nach Wesseling, *De Judaeorum archontibus* c. 10 steht diese Homilie in *Chrysostomi Opp. t.* II ed. Paris. 1687. — Ich habe mich vergebens bemüht, das Citat zu verificiren. Die obige Ausgabe ist mir nicht zugänglich. Und in dem Nachdruck der Montfaucon'schen Ausgabe steht zwar Bd. X eine Homilie in *Natalem Johannis Baptistae*. Aber sie enthält die obige Stelle nicht. Ich citire daher nach Wesseling.

Die Stelle lautet: *Inter haec intuendae sunt temporum qualitates et gesta morum; et primum perfidia Judaeorum, qui semper in Deum et in Mosem contumaces exstiterunt, qui cum a Deo secundum Mosem initium anni mensem Martium acceperint, illi dictum pravitatis sive superbiae exercentes mensem Septembrem ipsum novum annum nuncupant, quo et mense magistratus sibi designant, quos Archontas vocant.* — Hiernach wurden also die Archonten immer mit Beginn des bürgerlichen Jahres der Juden im September gewählt.

Neben der Wahl auf bestimmte Zeit scheint aber auch die Wahl auf Lebenszeit vorgekommen zu sein. Denn auf lebenslängliche Archonten sind wohl die folgenden Inschriften zu beziehen:

Nr. 2 = CIG 9903: Ἰατίβου τοῦ ζὰ βίου ἀπὸ τῆς συναγωγῆς τῶν Αὐγουστησίων.

Nr. 6 = CIG 9907: Ζώσιμος διὰ βίου συναγωγῆς Ἀγριππησίων.

Nr. 35 = Garr. Diss. II, 184 n. 29: Αιλια Πατρικια Τουλλιο Ειρηναιο κονιουγι βενεμερεντι φηκιτ διαβιο.

Nr. 41 = Mommsen IRN 2555: *Ti. Claudius Philippus dia viu et gerusiarches* (Marano bei Neapel).

Nr. 43 = Mommsen IRN 7190: *Tettius Rufinus Melitius vixit annis* LXXXV *iabius* (Unteritalien).

Es ist das Verdienst Garrucci's, erkannt zu haben, dass auf all' diesen Inschriften ein und dasselbe Amt genannt ist (s. bes. Dissertazioni II, 187. 190 f.). Zunächst kann kein Zweifel sein, dass Nr. 2 ζὰ βίου = διὰ βίου Der Uebergang von δι in ζ vor einem Vocal ist sehr gewöhnlich. Ich nenne nur aus Rönsch, Itala und Vulgata S. 457 f. folgende Beispiele: *zabulus = diabolus, zacones = diacones, zametrus = diametrus, zebus = diebus, zeta = diaeta, Zarutus = Diarrhytus* u. s. w. Sodann zeigen die Inschriften Nr. 2 und 6, dass die Formel διὰ βίου geradezu als Amtsname gebraucht wurde ohne Ergänzung durch ein Substantiv, so dass man also sagte ὁ διὰ βίου. Hieraus entstand nun weiter ein neugebildetes Substantiv ὁ διάβιος. Und dieses haben wir auf den Inschriften Nr. 35 und 43 zu erkennen. Denn das διαβιο am Schlusse von Nr. 35 ist als Dativ von διάβιος oder vielmehr, da die Inschrift lateinisch ist, von *diabius* zu verstehen. Es steht im gleichen Casus mit Τουλλιο Ειρηναιο κονιουγι βενεμερεντι. In *iabius* Nr. 43 aber ist nur das weiche *d* am Anfang des Wortes abgeschliffen. Beide Inschriften haben auch das mit einander gemeinsam, dass die Amtsbezeichnung erst ganz am Schlusse angefügt ist. — Es scheint mir nun kaum zweifelhaft, dass zu ὁ διὰ βίου die allgemeinste Amtsbezeichnung, die es giebt, zu ergänzen ist, nämlich ἄρχων. Wäre ein specielleres Amt gemeint, so könnte der

Hauptbegriff nicht so ohne Weiteres wegbleiben. Es ist daher gewiss unrichtig, wenn Garrucci (Dissertazioni II, 187) den διὰ βίου mit dem ἀρχισυνάγωγος identificiren will. Vielmehr sind οἱ διὰ βίου die lebenslänglichen Archonten. Ein solcher dia riu konnte nach Nr. 41 zugleich gerusiarches sein, wie ja selbstverständlich der Gerusiarches zu der Zahl der Archonten gehörte als *primus inter pares*.

Die Wahl auf Lebenszeit war der erste Schritt zur Aristokratie. Ein weiterer Schritt hiezu war die Designirung Unmündiger zu Archonten. Auch dies kam vor, wie die folgenden Inschriften beweisen:

Nr. 22 = Garr. Diss. II, 161 u. 10: Ἀννιανὸς ἄρχων [νή]πιος υἱὸς Ἰουλιανοῖ πατρὸ[ς] συναγωγῆς Καμπησίων αἰτῶν η΄.

Nr. 23 = Garr. Diss. II, 161 n. 11: [?]οκαθινος ἄρχων νήπιος.

Nr. 24 = Garr. Diss. II, 163 n. 13: Ἀλέξανδρος ἄρχων πάσης τειμῆς τέκνῳ γλυκυτάτῳ Ἀλεξάνδρῳ μελλάνχοντι (l. μελλάρχοντι).

Nr. 37 = Orelli 3222: *Marcus Cuyntus Alexus grammateus ego* (l. ἐκ, τοῦ *Augustusion mellarcon eccion* (l. ἐκ τῶν) *Augustesion an.* XII.

Die Bezeichnungen ἄρχων νήπιος (Nr. 22 u. 23) und μελλάρχων (Nr. 24 u. 37) unterscheiden sich wohl so, dass erstere nur bei ganz unmündigen gebraucht wurde, letztere bei solchen, die schon dem eigentlichen Kindesalter entwachsen waren. Der ἄρχων νήπιος Nr. 22 ist acht Jahre alt, der *mellarcon* Nr. 37 zwölf Jahre alt. Letzterer hatte wohl eben die Grenze der Unmündigkeit überschritten. Denn der Ablauf des zwölften Lebensjahres ist derjenige Zeitpunkt, von welchem an der Israelite als relativ mündiger zur Beobachtung des Gesetzes verpflichtet ist. — Die seltsame Erscheinung, dass unmündige Kinder zu Archonten designirt wurden, hat eine genaue Analogie an der Thatsache, dass auch in den römischen Municipien zuweilen unmündige Knaben zu Decurionen ernannt wurden. Solche minderjährige Decurionen kommen z. B. vor auf den Inschriften bei Orelli-Henzen, Inscr. Lat. n. 3746. 3748. 4912. 7010. 7177.

Wenn zu der Ernennung auf Lebenszeit und der Designirung Unmündiger zum Archontenamt noch dies hinzukam, dass häufig zu Archonten solche ernannt oder designirt wurden, deren Väter bereits ein Amt oder eine Ehrenstellung in der Gemeinde inne hatten, so war die Familienaristokratie so gut wie hergestellt. Auch hiefür finden sich Beispiele auf den Inschriften. So finden wir Nr. 5 einen Archon, dessen Vater Archisynagogos ist, Nr. 14 einen Archon, dessen Vater Gerusiarches ist, Nr. 16 und 17 einen Archon, dessen Vater γραμματεύς war und dessen Sohn wieder zum γραμματεύς bestimmt ist, Nr. 22 einen ἄρχων νήπιος, dessen Vater πατὴρ συναγωγῆς ist, Nr. 24 einen μελλάρχων, dessen Vater ἄρχων πάσης τιμῆς ist. — Während also die ursprüngliche Grundlage der jüdischen Gemeindeverfassung eine demokratische ist, sehen wir sie hier auf dem Wege zur aristokratischen Herrschaft der Familien. Dieser Zug entspricht allerdings dem Werthlegen auf den Familienzusammenhang, der dem Judenthume von jeher eigen war. Am reinsten durchgeführt ist die Aristokratie bei der Centralbehörde des Judenthums in der Kaiserzeit: bei dem Patriarchat in Palästina. Dieses war geradezu in der Familie Hillel's erblich (*Epiph. haer.* 30, 7).

Das Collegium der ἄρχοντες mit dem γερουσιάρχης an der Spitze hatte die allgemeinen Angelegenheiten der Gemeinde zu leiten. Es gab nun aber speciell für die Ueberwachung und Leitung des Gottesdienstes noch einen besonderen Beamten, den ἀρχισυνάγωγος, welchem ein ὑπηρέτης zur Seite stand. Beide werden ebenfalls auf den Inschriften erwähnt.

3) Der ἀρχισυνάγωγος.

Nr. 5 = CIG 9906: Ἰουλιανὸς ἱερεὺς ἄρχων Κα[π]πείων (?) υἱὸς Ἰουλιανοῦ ἀρχισυναγώγου.

Nr. 19 = Garr. Cim. p. 67: *Stafulo arconti et archisynagogo honoribus omnibus fuctus.*

Nr. 42 = Mommsen IRN 3657: *Alfius Juda arcon arcosynagogus* (zu Capua).

Nr. 45 = CIG 9894: Θεόδωρος ἀρχισυν[άγωγος] (zu Aegina).

In der Literatur kommen ἀρχισυνάγωγοι an folgenden Stellen vor: *Ev. Marc.* 5, 22. 35. 36. 38. *Luc.* 8, 49. 13, 14. *Act. apost.* 13, 15. 18, 8. 17. — *Justin. Dial. c. Tryph. c.* 137. — *Acta Pilati* bei Tischendorf, *Evang. apocr.* ed. 2. *p.* 221. 270. 275. 284. — *Epiphan. haer.* 30, 11 u. 18. — *Codex Theodos.* (ed. *Haenel*) XVI, 8, 4. 13. 14. — *Lampridius, Vita Alex. Sever. c.* 28. — *Vopiscus, Vita Saturnin. c.* 8 (die beiden letzteren in den *Scriptores Historiae Augustae* ed. *Peter* 2 Bde. 1865). — Hebräisch רֹאשׁ הַכְּנֶסֶת *Mischna Joma* VII, 1. *Sota* VII, 7—8. — Nicht-jüdische ἀρχισυνάγωγοι· *Euseb. Hist. Eccl.* VII, 10, 4. — *Corp. Inscr. Graec. n.* 2007ᶠ (*Add. T.* II *p.* 994). — *Ibid. n.* 2221ᶜ (*Add. T.* II *p.* 1031). — Aeltere Literatur: Vitringa, *Archisynagogus observationibus novis illustratus, Franeq.* 1685. — *Id., De synagoga vetere ed. Leucopetrae* 1726 *p.* 586 sqq. 727 sqq. — Rhenferd, *Investigatio praefectorum et ministrorum synagogae* (*Opp. phil. p.* 480 sqq. Auch in Ugolino's Thesaurus Bd. XXI).

Die Bildung des Wortes ἀρχισυνάγωγος ist einigermassen auffallend. Es ist nicht gebildet wie ἀρχιγραμματεύς, ἀρχιδικαστής, ἀρχιερεύς, ἀρχιευνοῦχος, ἀρχικυβερνήτης, ἀρχιμάγειρος, ἀρχιποίμην, ἀρχιπρεσβευτής κ. τ. λ. Denn es kommt nicht von einem Substantiv, das eine Person bezeichnet, sondern von συναγωγή. Das einzige Analogon, das sich auffinden lässt, ist ἀρχιτρίκλινος, wo auch das Substantiv, das zur Bildung verwendet ist, nicht eine Person bezeichnet, sondern die Sache, welcher der Betreffende vorsteht. Wie also ἀρχιτρίκλινος derjenige ist, welcher die Aufsicht über das Triclinium hat, so ist ἀρχισυνάγωγος derjenige, welcher die Aufsicht über die συναγωγή hat, nämlich über die gottesdienstliche Versammlung der Gemeinde, nicht über die letztere selbst, wie später gezeigt werden wird. — Aber ist das Wort eine jüdische Bildung oder von den Juden aus der gottesdienstlichen Sprache der Griechen aufgenommen? Für letzteres scheint der Umstand zu sprechen, dass wir auch nicht-jüdische ἀρχισυνάγωγοι finden. So erwähnt *Euseb. Hist. Eccl.* VII, 10, 4 einen ἀρχισυνάγωγος τῶν ἀπ' Αἰγύπτου μάγων. Auf einer Inschrift in Olynth (CIG 2007[1]) nennt sich ein Αἰλιανὸς Νείκων ὁ ἀρχισυνάγωγος θεοῦ ἥρωος καὶ τὸ κολλήγιον Βειβίῳ Ἀντωνίῳ ἀνέστησεν τὸν βωμόν. Auf einer Inschrift in Chios (CIG 2221ᶜ) fünf [ἀρχισυ]νάγωγοι οἱ ἄρξαντες. Da ausserdem auch der Ausdruck συναγωγή für gottesdienstliche Versammlungen bei den Griechen vorkommt [1]), so wird man geneigt sein, das Wort für griechischen Ursprungs zu halten. Allein dagegen scheint mir zu sprechen: 1) dass zur Bezeichnung der Person, welche eine συναγωγή leitet, bei den Griechen sonst συναγωγεύς oder συναγωγός gebraucht wird (s. Heinrici a. a. O.), 2) dass der Ausdruck ἀρχισυνάγωγος in der ganz überwiegenden Mehrzahl der Fälle — man kann sagen fast nur bei — Juden vorkommt und auch den Heiden als ein specifisch jüdischer Titel gilt (vgl. den sogleich anzuführenden Brief Hadrian's), 3) dass es bei der Religionsmengerei der späteren Zeit nicht undenkbar ist, dass in vereinzelten Fällen selbst griechische Cultvereine einen solchen Titel von den Juden recipirten. Die beiden griechischen Inschriften gehören aber einer sehr späten Zeit an.[2]) Und vollends in Aegypten war die Religionsmengerei eine so crasse, dass der jüdische Titel ἀρχισυνάγωγος bei einem ägyptischen Magier gar nichts auffallendes hat. Hadrian spottet einmal in einem Briefe an Servianus (bei *Vopisc. Vita Saturnin. c.* 8) geradezu darüber, dass in Aegypten die Serapisdiener Christen seien und die christlichen Bischöfe den Serapis verehren. Dort gebe es keinen jüdischen Archisynagogen, keinen Samariter, keinen christlichen Presbyter, der nicht Astrolog, Haruspex und Quacksalber sei (*illic qui Serapem colunt Christiani sunt et devoti sunt Serapi qui se Christi episcopos dicunt, nemo illic archisynagogus Judaeorum, nemo Samarites, nemo Christianorum presbyter non mathematicus, non haruspex, non aliptes*). — Es

---

1) S. Heinrici, Zeitschr. f. wissenschaftl. Theol. 1876, S. 524.
2) Lüders, Die dionysischen Künstler (1873) S. 29.

scheint mir also doch wahrscheinlich, dass der Titel ἀρχισυνάγωγος jüdischen Ursprungs ist.

Auf den drei zuerst genannten Inschriften Nr. 5, 19 und 42 kommt das Amt des ἀρχισυνάγωγος neben dem des ἄρχων vor. Ja auf zweien, Nr. 19 und 42, ist es sogar Einer und Derselbe, welcher beide Aemter gleichzeitig bekleidet. Es kann also von einer Identität dieser Aemter keine Rede sein. Ebenso werden auch πρεσβύτεροι und ἀρχισυνάγωγοι als zwei verschiedene Classen von Beamten neben einander genannt (*Epiph. haer.* 30, 11 u. 18. *Acta Pilati* bei *Tischendorf p.* 221. *Codex Theodosianus* XVI, 8, 13). Die ἀρχισυνάγωγοι sind also jedenfalls eine besondere Kategorie von Beamten, verschieden von den ἄρχοντες. Wenn demnach in der Geschichte des Jairus statt des εἷς τῶν ἀρχισυναγώγων, das Marcus (5, 22) hat, in der Parallelstelle bei Lucas (8, 41) ἄρχων τῆς συναγωγῆς, und bei Matthäus (9, 18) nur das einfache ἄρχων gesetzt ist, und wenn Lucas selbst die Ausdrücke ἄρχων τῆς συναγωγῆς und ἀρχισυνάγωγος *promiscue* gebraucht (Luc. 8, 41 u. 49), so darf man daraus nicht den Schluss ziehen, dass ἄρχων und ἀρχισυνάγωγος identisch sind. Lucas und Matthäus haben nur statt des specielleren und für heidnische Leser weniger verständlichen ἀρχισυνάγωγος das allgemeinere ἄρχων gesetzt, was auch nicht ganz unberechtigt, da der ἀρχισυνάγωγος ja allerdings ein ἄρχων im weiteren Sinne war. Nur ist ἀρχισυνάγωγος nicht mit ἄρχων im technischen Sinne identisch.

Nach einigen Stellen des Neuen Testamentes scheint es, als ob es in jeder Gemeinde mehrere ἀρχισυνάγωγοι gegeben habe. Am bestimmtesten wird eine Mehrheit von solchen Act. Ap. 13, 15 genannt (ἀπέστειλαν οἱ ἀρχισυνάγωγοι πρὸς αὐτούς). Auch der Ausdruck *Marc.* 5, 22 εἷς τῶν ἀρχισυναγώγων scheint eine Mehrheit von Archisynagogen in derselben Gemeinde vorauszusetzen. Doch ist er vielleicht mit Weiss (Marcusevangel. S. 184) zu erklären: „Einer aus der Classe der Synagogenvorsteher". Jedenfalls wird der in der Apostelgeschichte (18, 17) erwähnte Sosthenes nicht der College, sondern der Nachfolger des Crispus (18, 8) sein. Und in dem bei *Luc.* 13, 14 erwähnten Falle sehen wir bestimmt, dass nur ein Archisynagoge die Aufsicht beim Gottesdienst führte (ἀποκριθεὶς δὲ ὁ ἀρχισυνάγωγος). Dies dürfte die Regel gewesen sein.

Das besondere Amt des Archisynagogen war, wie wir aus mancherlei Andeutungen sehen, dies, die Aufsicht beim Gottesdienst zu führen und überhaupt die gottesdienstlichen Angelegenheiten zu leiten. Da bei den gottesdienstlichen Versammlungen nicht bestimmte Beamte als Lectoren, Prediger und Liturgen fungirten, sondern sowohl zum Gebet als zu den Schriftlectionen verschiedene Gemeindeglieder aufgerufen wurden (an der Lection des Abschnittes aus dem Gesetz z. B. sollen sich nach Vorschrift des Talmud mindestens sieben Gemeindeglieder betheiligen), und da auch Gemeindeglieder lehrend und predigend auftreten durften [1]), so bedurfte es eines Beamten, der für die Aufrechterhaltung der Ordnung beim Gottesdienst sorgte und überhaupt das Ganze leitete. Dies war eben der ἀρχισυνάγωγος. Er hatte z. B. dafür zu sorgen, dass nichts Ungehöriges vorkam (*Luc.* 13, 14), hatte denjenigen, die lesen sollten, die Schriftrolle zu reichen oder reichen zu lassen [2]), hatte geeignete Männer zur Predigt aufzufordern (*Act. ap.* 13, 15), hatte die Gebete anzuordnen, soweit solche nämlich für bestimmte Fälle anzuordnen waren und nicht durch das Herkommen geregelt waren (*Justin. Tryph.* 137). Er hatte endlich auch die Sorge für das Synagogengebäude. [3])

Aus den Inschriften Nr. 19 und 42 sieht man, dass das Amt des Archisynagogen einem der Archonten übertragen werden konnte. Dies mag häufig, vielleicht gewöhnlich der Fall gewesen sein; obwohl es nicht nothwendig war. Denn sonst würde es nicht auf jenen Inschriften besonders hervorgehoben werden. — Dem Archisynagogen stand als Untergebener zur Seite:

4) Der ὑπηρέτης.

Nr. 30 = Garr. Diss. II, 166 n. 22: Φλάβιος Ἰουλιανὸς ὑπηρέτης.

Ein ὑπηρέτης als Gemeindediener wird auch im Neuen Testamente einmal erwähnt (*Luc.* 4, 20). Hebräisch heisst er חַזַּן הַכְּנֶסֶת *Mischna Joma* VII, 1. *Sota* VII, 7—8. *Makkoth* III, 12; auch bloss חַזָּן *Schabbath* I, 3 oder aramäisch חַזָּנָא *Sota* IX, 15. Den hebräischen Namen *chassan* bezeugt auch *Epiphanius haer.* 30, 11: ἀζανιτῶν τῶν παρ' αὐτοῖς διακόνων ἑρμηνευομένων ἢ ὑπηρετῶν. — Die Aufgabe dieses ὑπηρέτης war natürlich die Besorgung der niederen Dienstleistungen. Er hatte beim Gottesdienst die heiligen Schriften herbeizubringen (*Joma* VII, 1. *Sota* VII, 7—8) und wieder aufzubewahren (*Ev. Luc.* 4, 20). Er hatte an den Verurtheilten die Strafe der Geisselung zu vollziehen (*Makkoth* III, 12). Er war aber zugleich auch Schulmeister, der die Kinder im Lesen zu unterrichten hatte (*Schabbath* I, 3). [4])

---

1) S. über dies alles in der Kürze meine neutestamentliche Zeitgeschichte S. 171 ff.

2) *Mischna Joma* VII, 1 = *Sota* VII, 7: Wenn der Hohepriester am Versöhnungstag zur Schriftlection kommt, so nimmt der Synagogendiener (חַזַּן הַכְּנֶסֶת) die Gesetzesrolle und giebt sie dem Archisynagogen (רֹאשׁ הַכְּנֶסֶת); dieser dem Vorsteher der Priester und dieser dem Hohenpriester etc. — Aehnlich *Sota* VII, 8.

3) Der Archisynagog Theodorus in Aegina leitet den Bau einer Synagoge: Inschr. Nr. 45: ἐκ θεμελίων τὴν συναγ[ωγὴν] οἰκοδόμησα.

4) Vgl. auch *Sota* IX, 15: Seitdem der Tempel zerstört ist, wurden die Gelehrten (חֲכָמִים) gleich den Schreibern (סוֹפְרִים), und diese gleich den Synagogendienern (חַזָּנִים), und diese gleich dem unwissenden Volke (עַם הָאָרֶץ).

Während die bisher Genannten eigentliche Beamte der Gemeinde sind, gehören die im Folgenden noch zu Nennenden nicht in die Kategorie der eigentlichen Beamten.

5) *πατέρες* und *μητέρες συναγωγῶν*.

Nr. 3 = CIG 9904: *Παγχάριος πατὴρ συναγωγῆς Ἐλαίας ἐτῶν ἑκατὸν (sic) δέκα.*
Nr. 4 = CIG 9905: *Σννεσίου πατρὸς συναγωγῆς Καμπησίων Ῥώμης.*
Nr. 7 = CIG 9908: *Μνιασέας μαθητὴς σοφῶν καὶ πατὴρ συναγωγίων.*
Nr. 8 = CIG 9909: *θυγατὴρ Γαδία πατρὸς συναγωγῆς Αἰβρέων.*
Nr. 15 = Garr. Cim. p. 52: *Ἀσστερία[ς] πατὴρ συναγωγῆς ὅσιος κ. τ. λ.*
Nr. 22 = Garr. Diss. II, 161 n. 10: *Ἰουλιανοῦ πατρὸ[ς] συναγωγῆς Καμπησίων.*
Nr. 29 = Garr. Diss. II, 164 n. 18: *pater et areccon.*
Nr. 44 = Orelli-Henzen 6145: *M. Avilius Januarius pater sinagogae* (zu Sitifis in Mauritanien).
Nr. 11 = Orelli 2522: *Beturia Paulina .... mater synagogarum Campi et Bolumni.*
Nr. 40 = CIL V, 4411: *Coeliae Paternae matri synagogae Brixianorum* (zu Brescia).

In der Literatur ist mir nur eine einzige Stelle bekannt, in welcher die *patres synagogarum* erwähnt werden, nämlich das Edict Constantins vom J. 331, *Codex Theodos. XVI, 8, 4: Hiereos et archisynagogos et patres synagogarum et ceteros, qui synagogis deserviunt, ab omni corporali munere liberos esse praecipimus.* — Offenbar soll mit diesem Titel mehr eine Ehrenstellung als ein Amt bezeichnet werden. Dies sieht man schon daraus, dass es nicht nur *patres*, sondern auch *matres synagogarum* gegeben hat. Denn dass Frauen eine eigentlich amtliche Stellung in der jüdischen Gemeinde bekleidet haben, ist sicher nicht anzunehmen. Aus den mehrfach vorkommenden Altersbezeichnungen (Nr. 3: 110 Jahre, Nr. 11: 86 Jahre) erhellt auch, dass die Titel in der That, wie es die Wortbedeutung vermuthen lässt, besonders betagten Gemeindegliedern gegeben wurden. Es war also ein Ehrentitel für ältere und um die Gemeinde in hervorragender Weise verdiente Personen. — Eben weil es ein Titel und kein Amt war, konnte er auch von mehreren Gemeinden derselben Person verliehen werden. Daher finden wir nicht nur *patres* und *matres synagogarum* einer Einzelgemeinde (No. 3, 4, 8, 22), sondern auch von mehreren Gemeinden zugleich (Nr. 7: *συναγωγίων*, Nr. 11: *Campi et Bolumni*).

Ein genaues Analogon zu diesen jüdischen Titeln sind die Titel *pater* und *mater collegii*, die sich zuweilen bei den gewerblichen und religiösen Genossenschaften der Römer finden. So kommen z. B. auf den Inschriften bei Orelli,

Inscr. Lat. Coll., folgende vor. Nr. 2417: *patri collegi (scil. Aesculapi et Hygiae)*. Nr. 4055: *pater collegi (scil. fabrum)*. Nr. 4134: *patre (scil. collegii)*. — Nr. 2392: *mat(er) coll(egii) Liberi patris*. Nr. 2417: *matri collegi (scil. Aesculapi et Hygiae)*. Nr. 4055: *mat(res? collegii fabrum)*. Nr. 4056: *matri sodalic(ii) fullon(um)*. — Sonst findet sich der Titel „Vater" als Ehrentitel auch bei den palästinensischen Juden. Schon im Alten Testamente kommt es vor, dass Propheten mit dem Ehrentitel „Vater" angeredet werden (II *Reg.* 2, 12. 6, 21). Im zweiten Makkabäerbuche wird ein Aeltester von Jerusalem erwähnt, der wegen seiner Verdienste um die Juden πατὴρ τῶν Ἰουδαίων genannt wurde (II *Makk.* 14, 37). Aus der Strafrede Christi gegen die Pharisäer wissen wir, dass diese sich auch den Titel „Vater" gerne gefallen liessen (*Matth.* 23, 9; vgl. hiezu die Ausleger). Und so werden auch im Talmud eine Reihe von Schriftgelehrten erwähnt, welche den Titel „*Abba*" (= Vater) führen, nämlich: Abba Saul (*Beza* III, 8. *Aboth* II, 8. *Middoth* II, 5. V, 4, und sonst), ein anderer Abba Saul ben Botnith (*Schabbath* XXIV, 5. *Beza* III, 8), Abba Gurja und Abba Gurjan (beide *Kiddnschin* IV, 14), Abba Jose ben Chanan (*Middoth* II, 6), ein anderer Abba Jose (*Machschirin* I, 3), Abba Eleasar (*Mikwaoth* II, 10). — Aber in all' diesen Fällen führen die Betreffenden den Titel „Vater" ganz im Allgemeinen, nicht in der besonderen Beziehung zu einer bestimmten Synagogengemeinde. Es ist daher der Titel *pater collegii* bei den römischen Genossenschaften ein viel genaueres Analogon als jene jüdischen Titel.

6) Wie die *patres synagogarum* so gehören auch die γραμματεῖς nicht zu den eigentlichen Gemeindebeamten. Während jene nur eine Ehrenstellung inne haben, so repräsentiren diese den Stand der fachmännischen Schriftgelehrten, namentlich der Gesetzeskundigen, also der Juristen. Denn wie das Gesetz der wichtigste Bestandtheil der Schrift ist, so sind auch die γραμματεῖς in erster Linie die Kenner des Rechts, die Träger der Rechtstradition. Sie werden auf den Inschriften auch häufig erwähnt; unter den von mir im Anhang mitgetheilten Inschriften auf Nr. 13 = Garr. Cim. p. 47, Nr. 16 = Garr. Cim. p. 61, Nr. 37 = Orelli 3222. Sonst noch bei Garrucci, Cimitero p. 42, 46, 54, 55, 59, Dissertazioni II, 165 n. 20 u. 21, p. 182 n. 21 (ich habe diese Inschriften im Anhange nicht mitgetheilt, da die bloss statistische Aufzählung des Details hier kein Interesse bieten würde). Ausserdem kommt zweimal [πο]μομαθής vor (Garruci, Cimitero p. 56, 57), und einmal μαθητὴς σοφῶν (Nr. 7 = CIG 9908). — Von Interesse ist, dass auch hier, wie bei den ἄρχοντες, schon unmündige Kinder zu künftigen Trägern — man kann nicht sagen des Amtes, sondern der Wissenschaft designirt wurden. Ein solcher γραμμα(τεὺς) νήπιος findet sich Nr. 17 = Garr. Cim. p. 61. Ein μελ. γραμ. (= μελλογραμματεύς): Garr. Diss. II, 181 n. 15. Letzterer ist bereits 24 Jahre

alt. Auf einer anderen Inschrift wird ein ebenfalls Vierundzwanzigjähriger schlechthin γραμματεύς genannt (Garr. Diss. II, 182 u. 21). Ja auf der Inschrift Nr. 37 = Orelli 3222 heisst ein zwölfjähriger Knabe schon *grammateus* schlechthin. Es scheint also, dass man in der Unterscheidung von μελλογραμματεύς und γραμματεύς nicht ganz genau verfuhr. Jedenfalls aber wird aus solchen Bezeichnungen wie γραμμα(τεὺς) νήπιος und μελ. γραμ. zu schliessen sein, dass die Schriftgelehrsamkeit doch nicht lediglich eine Wissenschaft war, sondern dass die Träger derselben, insofern sie nämlich als solche anerkannt waren, auch einen gewissen amtlichen Charakter hatten. Sie waren die in allen Fragen der Gesetzeskunde anerkannten Autoritäten. Diejenigen, welche als solche anerkannt waren, hiessen γραμματεῖς, diejenigen, welche darauf aspirirten, γραμματεῖς νήπιοι oder μελλογραμματεῖς.

7) Auf der Inschrift Nr. 31 = Garr. Diss. II, 177 wird ein προστάτης erwähnt. Da wir sonst über das Vorkommen dieses Titels oder Amtes in den jüdischen Gemeinden kein Zeugniss haben, so sind wir für die Erklärung desselben lediglich auf die Wortbedeutung und auf Analogien angewiesen. Das griech. προστάτης steht nun sehr häufig im Sinne des lat. *patronus*. So nennt Paulus die Phöbe in einem sehr allgemeinen und unbestimmten Sinn eine προστάτις πολλῶν καὶ ἐμοῦ αὐτοῦ (*Rom.* 16, 2). So rühmen die jüdischen Archonten in Berenice dem römischen Statthalter der Provinz M. Tittius nach, dass er τοῖς ἐκ τοῦ πολιτεύματος ἡμῶν Ἰουδαίοις καὶ κοινῇ καὶ κατ᾽ ἰδίαν εὔχρηστον προστασίαν ποιούμενος οὐ διαλείπει τῆς ἰδίας καλοκἀγαθίας ἄξια πράσσων (Inschr. von Berenice, Corp. Inscr. Gr. n. 5361). Was aber hier der römische Statthalter der jüdischen Gemeinde in freier Weise gewährte: Beistand und Fürsorge, namentlich auch Rechtsbeistand, das war anderwärts — bei religiösen und andern Genossenschaften — die Sache bestimmter Personen, die in einem festen Verhältniss zur Gemeinde standen. So hatten die römischen *collegia* ihre *patroni*. So kommt auch bei den religiösen Genossenschaften der Griechen ein προστάτης vor.[1]) So wird also auch jener jüdische προστάτης ein Patron der Gemeinde sein, der sie namentlich nach aussen hin vertrat und ihr bei etwaigen Conflicten mit der Behörde Rechtsbeistand leistete. Von dem πατὴρ συναγωγῆς wird er sich so unterscheiden, dass der letztere seinen Titel mehr wegen seiner Verdienste um die innern Gemeindezustände, der προστάτης dagegen mehr wegen seiner Vertretung der Gemeinde nach aussen hin erhielt. Ein eigentliches Gemeindeamt war auch das des προστάτης nicht.

---

1) Ueber letzteren s. Foucart. *Des associations religieuses chez les Grecs* (1873) p. 28. — Heinrici, Zeitschr. f. wissenschaftl. Theol. 1876, S. 516—520.

Auf der Grabschrift Nr. 32 = Garr. Diss. II, 178 n. 1 bezeichnet sich ein gewisser Reginus, der die Grabschrift einem **Agrius Euangelus** setzt, als *collega* (κολλήγα) des Verstorbenen — wir wissen aber nicht, in welcher Beziehung; und so ist es auch nicht möglich, dem Sinn dieses Titels weiter nachzuforschen.

Die Inschrift Nr. 33 = Garr. Diss. II, 181 n. 16 habe ich nur deshalb in den Anhang aufgenommen, weil Garrucci das am Schlusse vorkommende μουννα für das hebräische מְמֻנֶּה *praefectus* hält. Mir scheint dies höchst unwahrscheinlich, da sonst nirgends auf diesen Inschriften hebräische Titel vorkommen (nur hebräische Beischriften wie שלום על ישראל u. dgl., die aber dann auch mit hebräischen Buchstaben geschrieben sind). Eine Erklärung vermag ich freilich auch nicht zu geben.

Ueberblicken wir das ganze Material, das uns die Inschriften darbieten, so erhalten wir ein, wenigstens in seinen allgemeinen Grundzügen deutliches und anschauliches Bild über die Verfassungsverhältnisse der jüdischen Gemeinden in Rom. Es würde sich lohnen, auf Grund desselben die Frage zu untersuchen, ob und inwieweit die älteste christliche Gemeindeverfassung sich an die Verfassung der jüdischen Diasporagemeinden angelehnt hat. Diesem Gesichtspunkte weiter nachzugehen, ist aber nicht mehr der Zweck dieser Zeilen.

Jüdische Inschriften.

1. Rom, Cömeterium vor der Porta Portuensis, jetzt im Museum zu Neapel. — Corp. Inscr. Graec. n. 9902. — Fiorelli, Catalogo del Museo Nazionale di Napoli, Raccolta epigrafica II: Iscrizioni Latine (Napoli 1868) n. 1956. — Von mir copirt.

ΕΝΘΑΔΕΚΕΙΤΕ
ΚΥΝΤΙΑΝΟCΓΕΡΟΥ
CΙΑΡΧΗCCΥΝΑΓѠ
ΓΗCΑΥΓΟCΤΗCΙѠΝ
ΟCΕΖΗCΕΝΕΤΗΝ
ΕΝΕΡΗΝΗΗΚΟΙΜΙ ΚΙCΑ

Die beiden letzten Zeilen sind jetzt am Schlusse defect. Aeltere Abschriften geben ΕΤΗΝΑ und ΚΟΙΜΗCΙCΑΥΤΟΥ.

2. Rom, Cömeterium vor der Porta Portuensis, jetzt im Museum zu Neapel. — Corp. Inscr. Graec. n. 9903. — Garrucci, Dissertazioni II, 190 n. 12. — Fiorelli, Catalogo del Museo Naz. di Napoli, Iscrizioni Lat. n. 1960. — Von mir copirt.

ΕΝΤΑΛΕΧΕΙΘΕφΛΛ
ΒΙΑΑΝΤѠΝΙΝΑ · ΓΥΝΗ
ΛΑΤΙΒΟΥ ΤΟΥΖΑΒΙΟΥ
ΑΠΟΤΗCCΥΝΑΓѠΓ
ΗCΤѠΝΑΥΓΟΥCΤΗCΙѠΝ

3. Rom. — Corp. Inscr. Graec. n. 9904.

ΕΝΘΑΛΕΧΕΙΤΑΠΑΝ
ΧΑΡΙΟCΠΑΤΗΡCΥΝΑ
ΓѠΓΗCΕΛΛΙΑCΕΤѠ
ΝΕΚΑΤѠΝΛΕΚΑφΙΛΟ
ΛΑΟCΦΙΛΕΝΤΟΛΟC
ΚΑΛѠCΒΙѠCΑCΕΝΕΙΡ
ΗΝΗΚΟΙΜΗCΙC
ΑΥΤΟΥ

4. Rom, jetzt im Kloster von S. Paolo fuori le mura. — Corp. Inscr.

Grace. n. 9905. — Garrucci, Dissertazioni II, 188 n. 4. — Engeström. Om Judarne i Rom (Upsala 1876) n. S. — Von Garrucci und Engeström neu verglichen.

ΕΝΘΑΔΕ ΚΙΤΕ ΕΙΡΗΝΑ
ΠΑΡΘΕΝΙΚΗ CΥΜΒΙΟC
ΚΑCΩΔΙΟΥ ΑΔΕΛΦΟC
ΚΟΥΝΤΟΥ ΚΛΑΥΔΙΟΥ
CΥΝΕΟΙΟΥ ΠΑΤΡΟC
CΥΝΑΓΩΓΗC ΚΑΜΠΗ
CΙΩΝ ΡΩΜΗC

Das Corp. Inscr. Graec. giebt den Text ungenau und lückenhaft. Obiges ist die genauere Abschrift Garrucci's, von welchem Engeström nur in folgenden Punkten abweicht: ΕΙΡΑΓΝΑ — ΠΑΡΘΕΝΙΚΗC — ΑΛΕΑΦΟC. — Ἀδελφός ist Schreibfehler für ἀδελφοῦ.

5. Rom. — Corp. Inscr. Graec. n. 9906. — Garrucci, Cimitero degli antichi Ebrei p. 38 sq. — Von Garrucci neu verglichen.

ΕΝΘΑΔΕ
ΚΕΙΤΕΙΟΥ
ΛΙΑΝΟC ΙΕΡΕΥCΑ
ΡΧΩΝ ΚΑΛ
ΚΑΡ ΕΙΩΝΥΙ
ΟCΙΟΥΔΙΑΝΟ
ΥΑΡΧΙCΥΝ
ΑΓΩΓΟΥ

Zeile 3 ist gegen Ende etwas abwärts geneigt. Daher hat der Steinmetz, um die gerade Linie wiederherzustellen, Zeile 4 nicht bis zu Ende ausgenützt (s. Garrucci p. 39). Eine Lücke liegt aber nicht vor. Die Ergänzung Κα[μπωησίωμ], welche das Corp. Inscr. Graec. bietet, ist daher ebenso willkürlich wie Zeile 5 die Lesung κ(αὶ) Ἀγριπωησίωμ. Garrucci giebt Zeile 5 als Lesart des Steines ΚΑΡCΠCΙΩΝ, was er im Zusammenhang mit der vorhergehenden Zeile ΚΑΛΚΑΡΕΠCΙΩΝ (= calcariensium) lesen will. Da er aber selbst den Bogen des Ρ als nicht deutlich lesbar darstellt, und da andererseits der sorgfältige Lupi, welchem das Corp. Inscr. Graecar. folgt, ΚΑΡ ΕΙΩΝ gelesen hat, so scheint es mir sehr wahrscheinlich, dass ΚΑΜΠΕΙΩΝ zu lesen ist, und dass ΚΑΛ am Schluss von Z. 4 der Anfang dieses Wortes ist, der dann Z. 5 irrthümlich wiederholt wurde. Aehnliches kommt auch sonst vor; vgl. Garrucci Cim. p. 45: ΤΗ ΙΔΙΑ ΜΗ ΜΗΤΡΙ.

6. Rom. — Corp. Inscr. Graec. n. 9907.

ΕΝΘΑΔΕ ΚΕΙΤΕ ΖΩ
CΙΜΟC · ΔΙΑ ΒΙΟΥ CΥΝ
ΑΓΩΓΗC · ΑΓΡΙΠΠΗCΙ
ΩΝ · ΕΝ ΕΙΡΗΝΗ ΚΟΙΜΗ
CΙC ΑΥΤΟΥ ΕΝΟΑ
ΔΕ · ΚΕΙΤΗ ΕΥΛΛΙC
ΑΡΡΩΝ · ΕΤΩΝ
ΕΤΤΩΙΝ

Die drei letzten Zeilen sind nicht sicher zu lesen. Statt ΑΡΡΩΗ lies ΑΡΧΩΗ.

7. Rom. — Corp. Inscr. Graec. n. 9908. — Garrucci, Dissertazioni II, 159 n. 7.

ϹΝΟΑΔϹ ΚϹΙΤϹΜΝΙ
ΛϹϹΑϹΜΑΟΗΤΗϹ
ϹΟΦΩΝ ΚΑΙ ΠΑΤΗΡ
ϹΥΝΑΓΩΓΩΝ

Die Form συραγώγιορ statt συραγωγή kommt auch sonst vor, s. Philo, De somniis L. II § 18 (ed. Mang. I, 675). Ejusd. Legat. ad Cajum § 40 (ed. Mang. II, 591).

8. Rom. — Corp. Inscr. Graec. n. 9909.

ΩΔϹΚϹΙ
ΤϹϹΑΛΩ[μη?]
ΟΥΓΑΤΗΡΓΑ
ΛΙΑΗΑΤΡΟϹ
ϹΥΝΑΓΩΓΗϹ
ΑΙΒΡϹΩΝϹΒΙ
ΩϹϹΝΙΜΑ
ϹΝϹΙΡΗΝΗ
ΗΚΟΙΜΗ
ϹϹΙϹΑΥΤΗϹ

IMA Z. 7 ist = LMA = Λυκάβαρτας μᾱ.

9. Rom. — Corp. Inscr. Graec. n. 9910. — Garrucci, Dissertazioni II, 189 n. 9. — Facsimile bei Engeström, Om Judarne i Rom (1876), Beilage.

ϹΝΟΑΔϹϹΚϹΙΟϹΙ
ϹΑΒΒΑΤΙϹ · ΔΙϹΑΡΧΩΝ
ϹΗΟϹϹΗϹΤΩΗ · ΑϹ
ϹΗΙΡΗ ΗΙΚΥΜΗϹΙϹ · ΑΥΤΟΥ

Zeile 1 ϹΝΟΑΛϹϹΚϹΙΟϹΙ nach dem Facsimile von Engeström. Die beiden ϹϹ in der Mitte sind fehlerhafte Verdoppelung. Das Corp. Inscr. giebt ϹΝΟΑΑϹ ϹΚϹΙΟϹΝ, Garrucci ϹΝΟΑΛϹ ϹΚϹΙΟϹΝ.

10. Rom, jetzt im Museum zu Neapel. — Corp. Inscr. Graec. n. 6417. — Fiorelli, Catalogo del Museo Naz. di Napoli, Iscrizioni Lat. n. 1954. — Von mir copirt.

ϹΝΟΑΛϹ ΚϹΙΤΑΙ
ΝϹΙΚΟΛΗΜΟϹ
ΟΑΡΧΩΝ
ϹΙΒΟΥΡΗϹΙΩΝ ΚΑΙ
ΠΑϹΙΦΙΛΗΤΟϹ
ΑΙΤΩΝ · Λ · ΗΜϹΡ · ΝΒ ·
ΟΑΡΙΑΒΛΑΒΙΝϹΩΤϹΡϹΟΥ
ΛϹΙϹΛΟΑΝΑΤΟϹ.

11. Rom. — Orelli, Inscr. Lat. Collectio n. 2522.

BETVRIA PAV
LINA F DOMI
HETERNAE QVOS
TITVTA QVAE BI
XIT AN. LXXXVI. MESES VI
PROSELITA AN. XVI
NOMINAE SARA MATER
SYNAGOGARVM CAMPI
ET BOLVMNI

BENIRENAE AV CYMISIS AVTIS

PAVLINA Z. 1—2 nach Garrucci, Cimitero p. 38. Orelli giebt PAVLLA. — QVOSTITVTA = constituta. — Die letzten Worte sind griechisch: ἐμ εἰρήμη ή κοίμησις αὐτῆς.

12. Rom, Cömeterium in der Vigna Randanini. — Garrucci, Cimitero degli antichi Ebrei scoperto recentemente in Vigna Randanini (Roma 1862) p. 35.

[ἐμ]ΟΔΔΕ ΚΕΙΤΕ
[ε]ΥΟΥΧΙΑΝΟ ΑΡΧΟΝΤΙ
CINBIO ΑΖΙΩΝ ΕΥ|ΥΧΙ
ΜΕΤΑ ΤΩΝ ΔΙΚΕΩΝ
Η · ΚΥΜΗCIC ΑΥΤΟΥ

Zeile 2—3 sollte lauten: Εὐτυχιαμὸς ἄρχωμ, σύμβιος ἄξιος· εὐψύχει. Die abweichenden Formen der Inschrift sind lediglich Barbarismen.

13. Rom, Cömeterium der Vigna Randanini. — Garrucci, Cimitero degli antichi Ebrei p. 47.

ΙΟΥCΙΟC ΓΡΑΜΜΑΤΕΥC
ΦΙΛΟΠΑΤΩΡ ΚΑΙ ΦΙ
ΛΑΔΕΛΦΟC MAΡΩ
Ν Β · ΑΡΧ · ΤΕΚΝΩ ΑΓΑΠΗ
ΤΩ · ΟΝΤΙ ΕΤΩΝ ΑΖ

ΙΟΥCΙΟC Schreibfehler statt Ἰοῦστος. — ΜΑΡΩΝ Β · ΑΡΧ · ist = Μάρωμ δὶς ἄρχωμ.

14. Rom, Vigna Randanini. — Garrucci, Cimitero p. 51.

[ἀσ]ΤΕΡΙC ΑΡΧΩΝ
[ἐω]ΟΗCΕΝ ΤΟΙC ΓΟΝ
Ν[ε]ΥCIΝ ΑΥΤΟΥ ΑCΤΕΡΙ
Ω ΓΕΡΟΥCΑΡΧΗΚ . . .
ΛΟΥΚΙΝΕ ΤΗ ΜΗ[τρι αὐ]
[το]Υ ΟC ΕΖΗCΕΝ ΕΤΗ
 . . . . C ΕΝ ΕΙΡΗ[μη]
[ἡ κοίμησις] ΑΥΤΩΝ

15. Rom, Vigna Randanini. — Garrucci, Cimitero p. 52.

[ἐμ]ΟΔΔΕ ΚΙΤΕ ΑCCΤΕΡΙΑ
[s] ΠΑΤΗΡ CΥΝΑΓΩΓΗC ΟCI
[os] ΑΜΕΠΤΟCΗC ΛΙΝ ΙΡΗΝΗ
ΚΟΙΜΗCIC COΥ

ΗC nach ΑΜΕΠΤΟC scheint irrthümlich gesetzt.

16. Rom, Vigna Randanini. — Garrucci, Cimitero p. 61.

ΕΝΘΑΔΕ ΚΕΙΤΕ
ΟΝΩΡΑΤΟC ΓΡΑΜ.
ΟCΙΟC ΟC ΕΖΗCΕ
Ν Ε · ΤΗ Ο · Μ · Η · [ήμ.]
ΙΒ ΡΟΥΦΟC ΑΡΧ ·
ΤΩ ΠΑΤΡΙ ΓΛΥΚΥ
ΤΑΤΩ ΕΝ ΕΙΡΗ
[μ]Η Η ΚΟΙΜΗCΙC
COΥ

Z. 3—5 ist zu lesen: ὃς ἔζησεμ ἔτη ο' μῆμας η' ἡμέρας ιβ'.

17. Rom, Vigna Randanini. — Garrucci, Cimitero p. 61.

ΕΝΘΑ ΛΕ ΚΙΤΕ ΟΝΩΡΑΤΟΣ ΓΡΑΜΜΑ
ΝΗΠΙΟΣ ΥΙΟΣ ΡΟΥΦΟΥ ΑΡΧ ΟΣ ΓΞΗ
ΣΕΝ ΕΤΗ Ϛ ΗΜΕΡΑΣ ΚΗ
ΕΝ ΙΗΗΝΗ Η ΚΟΙΜΙΣ·Σ ΣΟΥ

18. Rom, Vigna Randanini. — Garrucci, Cimitero p. 62.

ΩΔΕ ΚΙΤΕ ΟΥΡΣΑΚΙΑ ΟΥΓΑΤΗΡ
ΟΥΡΣΑΚΙΟΥ ΑΠΟ ΑΚΟΥΙΑΕΙΑΣ ΓΕΡΟΥ
ΣΙΑΡΧΟΥ ΕΝ ΕΙΡΗΝΗ Η ΚΥΜΙΣ ΑΥΤΗΣ

19. Rom, Vigna Randanini. — Garrucci, Cimitero p. 67.

STAFVLO   ARCONTI
ET   ARCHISYNAGOGO
HONORIBVS   OMNIBVS
FVCTVS RESTITVTA CONIVX
BENEMERENTI   FECIT
ENEIPHNH H KOIMHCIC COY

20. Rom, Vigna Randanini. — Garrucci, Cimitero p. 69.

ΛΟΥΑ[κι]ΤΙΑΙ ΠΑΡΘΕΝΩ
ΜΕΛΛ[ο]ΝΥΜΦΗ ΠΑΝΧΑΡΙΣ
ΓΕΡΟΥΣΙΑΡΧΗΣ ΤΗΟΥΓΑΤΡΙΑΥ
ΤΟΥ ΕΠΟΙΗΣΕΝ ΕΝ ΕΙΡΗΝΗ
Η ΚΟΙΜΗΣΙΣ ΣΟΥ

21. Rom, Vigna Randanini. — Garrucci, Dissertazioni archeologiche di vario argomento Vol. II (1865) p. 158 n. 4.

ΑΣΚΛΗΠΙΟΔΟ
ΤΗ · ΜΗΤΡΙ ΚΑΙ Α
ΛΕΞΑΝΔΡΩ · ΑΡ
ΧΟΝΤΙ · ΑΔΕΛΦΩ

ΚωΣΤΑΝΤΙΣ
ΕΠΟΙΗΣΕΝ
[ἐμ]ΕΙΡΗΝΗ Η
[κοίμ]ΗΣΙΣ Υ
ΜωΝ

22. Rom, Vigna Randanini. — Garrucci, Dissertazioni archeologiche II, 161 n. 10.

ΕΝΘΑΔΕ ΚΕΙΤΕ · ΑΝΝΙΑΝΟΣ · ΑΡΧωΝ ΓΙΟΣ
ΥΙΟΣ · ΙΟΥΛΙΑΝΟΥ ΠΑΤΡΟΣΥΝΑΓωΓΗΣ · ΚΑΜΠΗ
ΣΙωΝ · ΑΓΓωΝ Η ΜΗΝωΝ Β ΕΝΕΙΡΗΝΗ Η ΚΟΙΜΗΣΙΣ ΑΥΤΟΥ

ΑΡΧωΝ ΓΙΟΣ Z. 1 ist = ΑΡΧωΝ ΝΗΠΙΟΣ, vgl. die folg. Nr.

23. Rom, Vigna Randanini. — Garrucci, Dissertazioni II, 161 n. 11.

ωΔΕ ΚΕΙΤΕ ΙΟΚΛΟ
ΙΝΟΣ ΑΡΧωΝ ΝΗΠΙΟΣ

24. Rom, Vigna Randanini. — Garrucci, Dissertazioni II, 163 n. 13.

ΑΛΕΧΑΝΔΡΟΣ ΑΡΧωΝ
ΠΑΣΗΣ ΤΕΙΜΗΣ ΤΕΚΝω
ΓΛΥΚΥΤΑΤω ΛΑΕΞΑΝ
ΔΡω ΜΕΛΛΑΝΧΟΝΤΙ
ΕΝΕΙΡΗΝΗ Η ΚΟΙΜΗΣΙΣ ΣΟΥ

25. Rom, Vigna Randanini. — Garrucci, Dissertazioni II, 163 n. 14.

AVRELIAE · FLAVIAE
IONATA ARCHON PAS
ES TESSIMEN COIV
[gi] BEnEMeREnTi FE[c]

PASES TESSIMEN ist wahrscheinlich = ΠΑΣΗΣ ΤΙΜΗΣ, vergl. die vorige Nr.

26. Rom, Vigna Randanini. — Garrucci, Dissertazioni II, 164 n. 15.

ΖωΤΙΚΟΣ · ΑΡΧωΝ · ΕΝΤΑΔΕ
ΚΕΙΜΕ · ΚΑΛωΣ ΒΕΙωΣΑΣ
ΠΛμτωΝ · φιΛΟΣΚΑΙΓΝΟΣΙΟΣ
ωΑΣΙ εὐΓΡεωείΛ · ΑΝ ΑΡΙΑΙ
ωΝΗΣΙ μετΑ ΤωΝ ΔΙΚΑΙωΝ
Η ΚΟΙΜΗΣΙΣ ΣΟΥ

Das Elogium sollte lauten: πάρτωμ φίλος καὶ γμωστὸς πᾶσι εὐπρεπείᾳ ἀμδρείᾳ ὁμήσει.

27. Rom, Vigna Randanini. — Garrucci, Dissertazioni II, 164 n. 16.

ΖΑΒΟΥΓΓΑ
ΤΙφΙΛΙΟΑΡΧ
ΟΝΤΙ ΖΑΒΟΥΓ
ΤΑΣ

28. Rom, Vigna Randanini. — Garrucci, Dissertazioni II, 164 n. 17.

VALERIVS ARCHON FECIT LV
CRETIAE FAVSTINAE · COIV

GI · QVAE VIXIT · ANNIS
XXIII

29. Rom, Vigna Randanini. — Garrucci, Dissertazioni II, 164 n. 18.

VII · IDV · MA
PATER ET ARCC   ω
CON   M

30. Rom, Vigna Randanini. — Garrucci, Dissertazioni II, 166 n. 22.

ΦΛΑΒΙΟC ΙΟΥΛΙ
ΛΝΟC ΥΠΗΡΕΤΗC
ΦΛΑΒΙΑ ΙΟΥΛΙΑΝΗ
ΟΥΓΑΤΗΡ ΠΑΤΡΙ
ΕΝ ΕΙΡΗΝΗ Η ΚΟΙ
ΜΗCΙC COY

31. Rom, Vigna Randanini. — Garrucci, Dissertazioni II, 177.

ΕΝΟΛΛΕ ΚΕΙΤΕ
ΓΛΙC ΠΡΟCΤΑΤΗC
ΟCΙΟC ΕΞΗCΕΝ
ΕΤΠ ΟΒ ΕΝ ΕΙΡΠ
ΚΟΙΜΗCΙC COY

32. Rom, Vigna Randanini. — Garrucci, Dissertazioni II, 178 n. 1.

ΛΓΡΙΟ ΕΥΑΝ
ΓΕΛΟ · ΒΕΝΕΜΕ
ΡΕΝΤΙ ΡΗΓΕΙΝΟΥC
ΚΟΛΛΗΓΑ (sic)

33. Rom, Vigna Randanini. — Garrucci, Dissertazioni II, 181 n. 16.

ΕΙΟΥΛΙΛΛΛΕ (sic)
ΣΑΝΔΡΑΦΗ
ΚΙΚΟΙΚΙCOYω
ΕΙΜΕΡωΒΕΝΕΒΕ (sic)
ΡΕΝΔΙ ΜΟΥΝΝΑ

Die Inschrift ist lateinisch und lautet: Julia Alexandra feci(t) coigi (= conjugi) suo Imero benemerenti. Ueber ΜΟΥΝΝΑ s. oben S. 32.

34. Rom, Vigna Randanini. — Garrucci, Dissertazioni II, 183 n. 27.

ΕΝΟΛΛΕ ΚΕΙΤΑΙ ΟΛΙΟΦΙΛ[ος γcρο]ΥCΙ
ΑΡΧΗC ΚΑΛωC ΒΙωCΑ[ς κα]Ι ΚΑ
ΛωC ΑΚΟΥCΑC ΟΕΟΦ[ΙΛ . . . . κ]ΛΙ
ΕΥCΕΒΙC ΠΑ[τρι γλ]ΥΚ[υτατ]ω)
ΜΝΙΑC Ο[μσκεμ]

35. Rom, Vigna Randanini. — Garrucci, Dissertazioni II, 184 n. 29.

ΑΙΛΙΑ ΠΑΤΡΙ
ΚΙΑ ΤΟΥ ΑΛΙΟ
ΕΙΡΗΝΑΙΟ ΚΟΝΙΟ
ΥΠ ΒΕΝΕΜΕΡΕΝΤ
Ι ΦΗΚΙΤ · ΔΙΑ ΒΙΟ

---

36. Rom, Vigna Randanini. — Garrucci, Dissertazioni II, 185 n. 37.

ΓΩΓΗϹ
ΡΟΔΙΩΝ
ΕΥΛΟΓΙΑ ΠΑϹΙ

Es scheint hier eine συμαγωγὴ τῶμ Ῥοδίωμ erwähnt zu sein, wofern nicht etwa Ἡροδίωμ zu lesen ist.

---

37. Rom. — Orelli, Inscr. Lat. Coll. n. 3222. — Garrucci, Dissertazioni II, 162.

MARCVS CVYNT
VS AΛEXVS GRA
MMATEVS EGO T
ON AVGVSTASIO
N MELLARCON
ECCION AVGVSTESI
ON AN XII

EGO TON und ECCION erklärt Garrucci richtig durch ΕΚ ΤΩΝ.

---

38. Rom. — Corp. Inscr. Grace. n. 6337. — Garrucci, Dissertazioni II, 186 n. 1.

ΑΜΕΛΙΩ ΤΕΚΝΩ ΓΛΥΚΥ
ΤΑΤΩ ΟϹ ΕΞΞΗϹ

ΕΝ ΕΤΗ Β ΜΗΝ
ΑϹ Β ΗΜΕΡΑϹ
Ε ΑΜΕΛΙϹ ΑΡΧΩ
ΚΕ ΜΑΡΑ ΓΟΝΕΙϹ ΤΕ
ΚΝΩ ΑΜΜΩΜΩ ΟϹΕΙΩ
ΕΠΟΙΗϹΑΝ

Zeile 6 ΜΑΡΑ Garrucci, ΜΑΡΙΑ Corp. Inscr.

---

39. Porto (an der Tibermündung). — De Rossi, Bullettino di archeologia cristiana (1. Serie) Bd. IV, 1866, p. 40.

ΚΛΑΥΔΙΟϹ
ΙΩϹΗϹ ΑΡ
ΧΩΝ ΕΖΗ
ϹΕΝΕΤΗ
ΛΕ

---

40. Brescia. — Gruter, Corpus Inscriptionum pag. 323, n. 3. — Corp. Inscr. Lat. t. V n. 4411.

COELIAE · PATERNAE
MATRI · SYNAGOGAE
BRIXIANORVM

---

41. Marano bei Neapel. — Mommsen, Inscr. Regni Neapolitani n. 2555. — Garrucci, Dissertazioni II, 187 n. 3.

TI · CLAVDIVS
PHILIPPVS
DIA VIV ET
GERVSIARCHES
MACERIAM DVXIT

Dass diese Inschrift jüdischen Ursprungs ist, erhellt aus den Titeln *dia ciu et gerusiarches.*

42. Capua, jetzt im Vatikanischen Museum zu Rom. — Mommsen, Inscr. Regni Neapolitani n. 3657. — Orelli-Henzen, Inscr. Lat. Coll. 6144.

```
. . ALFIUS IVDA
ARCON ARCOSY
NAGOGVS QVI
ANN LXX MESIB VII
DIEB X ALFIA SO
TERIS CVM Q AN
XXXXVIII COIVGI
INCONPARABIL[i]
BENEMERENTI
     FECIT
```

43. Jetzt im Museum zu Neapel. — Mommsen, Inscr. Regni Neapolitani n. 7190. — Garrucci, Dissertazioni II,

190 n. 11. — Fiorelli, Catalogo del Museo Naz. di Napoli, Iscrizioni Lat. n. 1962.

```
TETTIVS RVFINVS
MELITIVS VICNITAN
NIS LXXXV
  IA  BI  VS
```

Die Buchstaben des letzten Wortes sind durch die jüdischen Embleme (Citrone, Leuchter und Palmzweig) getrennt.

44. Sitifis in Mauritanien. — Orelli-Henzen, Inscr. Lat. Coll. n. 6145. — Renier, Inscriptions Romaines de l'Algérie n. 3340.

```
  AVILIA · AS
   TER IVDEA
M · AVILIVS IANVARIVS
PATER SINAGOGAE FIL
   DVLCISSIMAE
```

45. Aegina. — Corp. Inscr. Graec. n. 9894.

ΘΕΟΔΩΡΟС ΑΡΧΙϹΥΝ[αγωγος φ]ΡΟΝΤΙϹΑϹ ΕΤΗ ΤΕϹϹΕΡΑ ΕΧ ΘΕΜΕΛΙΩΝ ΤΗΝ ϹΥΝΑΓ[ωγήμ] ΟΙΚΟΛΟΜΗϹΑ ΠΡΟϹΟΔΕΥϹΟ(ηεαμ) ΧΡΥϹΙΝ[οι] ΡΕ ΚΑΙ ΕΚ ΤΩΝ ΤΟΥ ΘΕ(ου) ΔΩΡΕΩΝ ΧΡΥϹΙΙ ΙΟΙ ΡΟ . . .